明治維新とは何だったのか

薩長抗争史から「史実」を読み直す

一坂太郎 著

目次

装丁　濱崎実幸

はじめに――いまなぜ明治維新を読み直すのか

鳥羽・伏見の戦いに勝利した勢いで、錦旗《きんき》をひるがえして江戸へ進駐してきた薩摩《さつま》、長州《ちょうしゅう》を中心とする「官軍」を見た江戸っ子たちは、

「江戸はお萩《はぎ》とお芋にやられた」

と、慨嘆した（森まゆみ「幕末の華・彰義隊」『彰義隊戦史　復刻版』平成二十年）。「お萩」は長州藩（城下町が萩）、「お芋」は薩摩藩であることは言うまでもない。

「官軍」の兵士は、つまらない言いがかりをつけては、江戸の町人を斬ったという。これに対し、「官軍」の権威の象徴である肩章《けんしょう》を専門にする「錦《きん》ぎれ取り」がいて、江戸っ子たちは喝采を送った。「錦ぎれ取り」はそのうち捕えられ、胸のすくような大きな啖呵《たんか》を切って斬られたそうだが、懐中には五十余枚の錦ぎれがあったと伝えられる（東京日日新聞社社会部編『戊辰物語』昭和三年）。江戸っ子の、ささやかな抵抗だ。

　江戸城から徳川将軍は去って、代わりに京都から天皇が入ってきた。「江戸」は「東京」と改称され、江戸城は東京城となり、さらに「皇居」と呼ばれた。前後して大勢の「お萩」や「お芋」が役人や軍人、警官となって上ってきた。

このように、無粋な西国《さいごく》の田舎武士たちが突然やって来て、自分たちの庭場で威張り散らしたというのが、多くの江戸っ子たちが抱いた「明治維新」の印象らしい。全部が全部そんな人間ばかりだったとは思わないが、なかには突然権力でも握った気になり、横暴の限りを尽くした「お萩」「お芋」もいたのであろう。だから江戸っ子の末裔の中には、

「箱根から西の人間は信用するな」

といった教訓が受け継がれていると、ずっと以前にある時代小説の大家から聞いた。東日本には「明治維新」に対する複雑な思いが、いまなお残っているのである。

歴史は「勝者」がつくるものであり、「明治維新」の場合も、また例外ではない。

たとえば「お萩」は幕末のころ、幕府と戦うのだと叫び続けた。しかし、元治元年（一八六四）七月の「禁門《きんもん》の変」に敗れて「朝敵《ちょうてき》」の烙印《らくいん》を押された後は、孝明《こうめい》天皇と戦っていたのである。孝明天皇はあくまで幕府の味方である。二度にわたる「長州征伐」も、天皇のお墨つきがあればこそ行われた。にもかかわらず孝明天皇が崩御し、明治天皇の世になるや「お萩」は復権し、一転して「官軍」となる。そして編んだ「明治維新」の歴史は、ことさらに「お萩」が旧態依然とした「幕府」を相手に戦ってきたのだと主張した。いまもって学校の教科書でも、幕府対長州藩の図式は崩されていない。

あるいは、将軍徳川慶喜《よしのぶ》が大政奉還を行った後、「諸侯会議」を経て新政権が誕生するはずであった。まず、会議で入札《いりふだ》（選挙）が行われ、政権の代表を決めるのである。ところが、そのままいくと、慶喜が当選する可能性が高いと恐れた「お芋」たちは会議を開かず、一方的な「王政復古」の

大号令によって、新政権を樹立してしまった。しかも慶喜を徹底して政権から排除するという、残忍なやり方だ。

慶喜の怒りは、戊辰《ぼしん》戦争へとつながっていく。学校の教科書では「明治維新」の基本方針のひとつが「万機公論に決すべし」だったとは教えている。しかし、その方針を決めた同陣営の人々によって、「諸侯会議」がつぶされたことには触れていない。幕府側は政権交代のやり方が、あまりにも公平ではなかったから、「お萩」「お芋」に対して憤慨し、ずっとしこりが残ることになった。敗者が勝者を恨んでいるという、単純なものではない。

それ以来、天皇側に立った「お萩」と「お芋」たちが中心となって「大日本帝国」を主導していく。

中央集権の「国家」をつくり、西洋列強の外圧から日本を護《まも》って独立を維持することに努めた。西洋文明をせっせと輸入しては、富国強兵を推進した。軍人が政治を主導して、歯止めが利かぬまま対外戦争もたびたび行う。「お萩」と「お芋」が敷いたレールが昭和二十年（一九四五）八月十五日の敗戦をまねき、さらには今日までつながっている。歴史は決して途切れていないのである。

最近は、「明治維新」を疑問視する風潮があるようで、書店の棚にはその種の本が多数並ぶ。平成三十年の「明治百五十年」を国家レベルで奉賛し、いたずらに美化しようとする、政治サイドの強い動きがあることも関係しているのであろう。かつて、東日本を中心とする人々の根底に流れていた「明治維新」に対する不信感が、いま呼び覚まされているのかもしれない。

既製の「歴史」を「おかしいのでは」と疑ってみることは大切だ。新しい史料や研究により、「常識」が覆されるのも大いに歓迎したいし、消されがちな「敗者」の視点も忘れてはならない。しかし、歴史はゴシップではない。どちらが正しく、どちらが間違っているか、といった善悪論でもない。さまざまな見方があるのは当然だが、何を信頼し、どう判断するかは各人それぞれに委ねられている。

そこで本州最西端の「お萩」と九州最南端の「お芋」が、どのようにして時代の担い手となり表舞台に躍り出てきたのか、どんな国をつくろうとしたのかといった問題を、良質な史料と研究成果を手がかりにたどってみたいと考えた。「お萩」と「お芋」のお国柄を見ると、近代日本がなぜあのような歩み方をしたのか、理解しやすい部分も多い。本書は言うなれば、百五十年の間、さまざまに書き換えられてしまった「薩長の明治維新」や「勝者の明治維新」を再検証し、読み直すものである。

これらを正視することで、日本人とは、日本国とは何かが見えてくるのではないか、そして、未来を考える手がかりになるのではないかと思っている。

なお、本書では原則として、以下の表記基準を採用した。

- 読みやすさを重視し、旧字旧仮名づかいの原典表記を新字新仮名づかいに改めた。一部の指示代名詞（是、之、此、其）なども平仮名表記とした。また、原典が漢文のものは、読み下し文に改めた。
- 元号は年の途中で改元があっても、一月一日から新しい元号で表記した。たとえば、慶応四年一月一日とせず、明治元年一月一日とした。

●明治元年（一八六八）の東京府設置（七月十七日）、大阪府設置（五月二日）以前は「江戸」「大坂」、以降は「東京」「大阪」と表記した（ただし、江戸城、大坂城／大阪城、江戸湾／東京湾、大阪湾の表記については、その限りでない）。また、薩摩と長州については、明治四年（一八七一）七月十四日（廃藩置県）以降を鹿児島県、山口県と記した。以上のいずれについても、引用箇所や文脈上の調整箇所については、必ずしもそのとおりではない。

●明治六年（一八七三）一月一日以前は旧暦（太陰太陽暦）の日付、以降は新暦（太陽暦）の日付を記した。

●年齢、享年は数え年で統一した。

●人名や難読語の初出には可能な限り読み仮名を振ったが、別の読み方をする場合があっても一種類の読み方を採用し、併記はしなかった。

●図版は原則として著者が所有または撮影したものであるため、一部の文献名以外は出典表記を省いた。他から借用したものはその旨を記した。

序章

薩摩は体力、長州は知力

体育会系薩摩人と文化会系長州人

今日、江戸時代の薩摩《さつま》藩領の大半は鹿児島県、長州《ちょうしゅう》藩領の全部は山口県である。両県民とも、「明治維新」を強い誇りとしていることはうかがえるが、その気質はずいぶん異なっているようだ。だからこそ、お互い闘争を繰り返したのであろう。そのことは、それぞれの県で最も尊敬されている「明治維新」関係の人物を見てもわかる。

鹿児島県人はなんといっても西郷隆盛《たかもり》だ。「南洲翁《なんしゅう》」「南洲先生」「大《だい》西郷」などと呼ばれ、神格化され崇敬される一方、「西郷《せご》どん」と親しみを込めて呼ばれたりするのが面白い。どっしり構えており、寡黙で度量が大きく腕っぷしも強い。虚実はともかく、西郷とは一般的にそんな印象で捉えられている。

一方、山口県人は吉田松陰《しょういん》だ。残された肖像画を見ると、痩せて、神経質そうだが、頭は切れそうで学者然としている。どうも印象として、西郷とは対極にある。そういう人物を老若男女が「松陰先生」と呼び、ひたすら崇敬しているのである。松陰の遺文から引いた一節を毎朝朗唱させる小学校もあり、神格化された松陰像は絶対で、批判することは許されない。

西郷が「武」なら、松陰は「文」の人だ。薩摩は体育会系で、長州は文化会系なのである。薩摩は体力、長州は知力がそれぞれ勝っている者が尊敬を集めるらしい。もし、松陰が薩摩に生まれていたら、理屈っぽい青臭い奴として疎《うと》まれたかもしれない。また、西郷が長州に生まれていたら、力ばかりの奴だと軽視されたかもしれない。

薩長《さっちょう》両藩ともに慶長五年（一六〇〇）九月の「関ケ原合戦」では西軍に属し、東軍率いる徳川家康《いえやす》と戦い、「敗者」となった。しかし、それからの身の処し方がずいぶんと違う。

島津《しまづ》藩は敵中突破して帰国し、以後、武張《ぶば》った態度を貫いて家康の呼び出しにも応ぜず、ついに薩摩、大隅《おおすみ》、日向《ひゅうが》の領土を護《まも》り通した。江戸時代を通じ、「二重鎖国」と呼ばれるほど、他国人の出入りを厳しく点検する。

一方の毛利《もうり》藩は中国地方八か国の領土を周防《すおう》、長門《ながと》の二か国（防長二州）に減らされ、城も山陽道の要衝である芸州広島から、山陰の日本海に面した長州萩に移さざるをえなかった。

長州人は理屈に柔順だが、薩摩人は目的のためならなりふりかわまず、場合によっては力に物を言わせることもある。そんな気質の違いが、関ケ原合戦後の態度からうかがえる。

複雑な思い

こうして薩摩藩、長州藩が誕生し、慶長八年（一六〇三）には朝廷から家康が征夷《せいい》大将軍に任ぜられて、江戸に幕府が開かれた。外様《とざま》大名となった両藩も幕藩体制の中に組み込まれ、徳川家と縁組をして「松平《まつだいら》」の姓をもらったりもする。

ところが、両藩ともに関ケ原合戦への複雑な思いは抱き続けたらしい。

薩摩藩の子弟教育では、なにかにつけて関ケ原の苦しみを話して聞かせ、「チェスト！関ケ原」と叫ばせた。鹿児島城下の少年たちは毎年九月十五日、片道二〇キロ離れた伊集院《いじゅういん》の寺に武装して参詣し、敵中突破の苦労を偲んだ。

一方、長州藩では正月元旦、萩城で藩主に重臣の一人が「幕府御追討は如何でございますか」と問う。すると藩主は「未だ早かろう」と返答するという秘密の行事が続けられたという（村田峰次郎『防長近世史談』昭和二年）。

幕末の慶応二年（一八六六）、二度目の長州征討軍が迫ろうとする中、高杉晋作《しんさく》が訪ねてきた若い兵士たちを、

「慶長の昔関ケ原の戦に徳川方と戦って敗れた毛利藩の歴史を忘れてはならぬ」

と、激励したという証言もある（玖村敏雄『吉田松陰の思想と教育』昭和十七年）。

むろん、関ケ原合戦の敵討ちで「明治維新」が行われたわけではあるまい。しかし巨大な権力である幕府と戦うにあたり、広くその大義名分を説明し、士気を鼓舞するには、関ケ原は便利な史実だったのである。

「雄藩」へと成長した両藩

薩長が「明治維新」のイニシアチブを握ることができたのは、相応の軍資金を蓄えていたからだ。西洋から最新の武器や軍艦が買えたのも、経済力があればこそである。精神力だけでは戦いには勝てないのである。それは薩長ともに農業だけに頼らず、産業立国を目指したことと関係する。

そもそも薩摩藩の土地の多くは、農業に適さなかった（シラス台地）。その不足を補うため、慶長十四年（一六〇九）には琉球王国《りゅうきゅう》を武力で制圧して、中国貿易の利権を得る。続いて奄美《あまみ》での砂糖生産を本格化させたり、櫨蠟《はぜろう》や樟脳《しょうのう》といった特産品を開発する。百姓は収穫した九割前後をも年貢とされ、公役は月十日前後もある。にもかかわらず派手な一揆が起こらなかったのは、外城《とじょう》制度に

より郷士《ごうし》たちが藩内各地に土着し、百姓の生活を監視し続けたからだ。

一方の長州藩も領地の真ん中に中国山脈が横たわっており、平野部が乏しいので農業に使える土地が少ない。だから何度も検地を実施したり、新田開発を奨励した。あるいは塩、紙、蠟といった特産品を開発し、地の利を利用して北前船《きたまえぶね》を相手に商売を行う。検地で得た増収分は、新規事業のために「撫育金《ぶいくきん》」という名の裏金として蓄えられた。もちろん官が主体で、民は潤わない仕組みになっているから、天保二年（一八三一）には十数万人の百姓が立ち上がるという大規模な一揆が起こっている（天保大一揆）。

幕末が近づくと薩摩藩は調所広郷《ずしょひろさと》、長州藩は村田清風《せいふう》の指揮下、それぞれ膨大な借金を踏み倒しに近いやり方で解消するなどの「天保の改革」を行い、財政立て直しに成功した。

このように実力を蓄えた薩長のような「西南の雄藩」が、歴史の表舞台に登場してくるのである。

人材育成に注力

何度も滅亡の危機を迎えながらも乗り切ってきた薩長両藩には、国を支えるのは人であるといった考えが、自然と浸透していたのであろう。このため文武奨励、人材育成に力が注がれる。

長州藩では享保四年（一七一九）一月、萩城三の丸に藩校明倫館《めいりんかん》を創立する。江戸末期になると藩校は全国で二百あまりも存在したが、なかでも明倫館は十二番目に誕生した「古い」藩校であった。外圧の問題が深刻化した嘉永三年（一八五〇）には城下の江向《えむかい》に明倫館を拡大移転している。「新明倫館」では、これまで以上に「武」に重点が置かれた。

さらに明倫館を核として、教育の裾野は長州藩全域の下級武士や庶民にまで広がっていった。慶応年間（一八六五～一八六八）には防長二か国に寺子屋が九百六十九校、私塾が八十二校ほど存在した（小川國治・小川亜弥子『山口県の教育史』平成十二年）。

特に長州藩の場合は、幕末、明倫館から派生した時事問題を研究討議する「嚶鳴社《おうめい》」や、明倫館の元教授である吉田松陰が主宰した「松下村塾《しょうかそんじゅく》」から、多くの人材が輩出している。

一方、薩摩藩に藩校造士館《ぞうしかん》と演武場が設けられたのは、明倫館創建よりも半世紀以上経った安永二年（一七七三）のことである。八歳から二十一、二歳の城下士の子弟数百人が学んだ。もっとも薩摩藩の場合、藩校はエリート官僚の養成所であった。

薩摩藩には古くから「郷中教育《ごじゅう》」があったが、こちらが義務教育と言うべきであろう。自然条件の厳しい薩摩や大隅では集団生活が基本となり、重視される。こうした中で誕生した郷中教育は、鹿児島城下を「郷中」と呼ぶ地区に細かく分け（幕末のころは三十三区）、そこに住む武士の子弟たちを、年齢ごとに次のように区分し鍛え上げた。

- 小稚児《こちご》が六、七歳から十歳
- 長稚児《おせちご》が十一歳から十四、五歳
- 二才《にせ》が十四、五歳から二十四、五歳
- 長老《おせんじ》が二十四、五歳以上

郷中教育では先輩が後輩を指導するのが、基本である。ボーイスカウトの原型との説もある。特筆すべきは主に二才たちがお互い、「詮議《せんぎ》」という思考訓練を行っていたことだ。

「主君の敵と、親の仇はどちらから打つべきか」

「自分の父も大病にかかり、殿様もまた大病にかかっている。しかし、ここに病に効く薬がただ一個ある。その場合はどちらに進めるべきか」

といった問いがなされ、即座に答えなければならない。しかも回答が適切でなければ、徹底的に問い詰められる。たとえば、

「館馬場《やかたんばば》を通った際、石壁の上から舌を出し、嘲笑して唾を吐きかけてくる者がいたらどう処置するか」

との質問に対し、「それはただちに門より入って、やっつけます」と答えたとする。すると今度は、

「ならば万一、嘲弄した者がすでに逃走していたら、どうするか」

と、問われる。答えに窮せば、別の二才に答えが求められる。

「自分は人より嘲弄を受ける理由がないから、平然として通行する」

という者がいたら、その心がけの正しさをほめる。あるいは「道の傍らを通ったから、このような無礼を受けるのだから、道の真ん中を闊歩する」などと、将来を戒める（松本彦三郎『郷中教育の研究』昭和十九年）。薩摩ではこうしてお互い切磋琢磨《せっさたくま》し、組織の中にあっても自ら考えて臨機応変に行動できる人材が育成された。

ただし、注意しなければならないのは、藩校などでの教育は、現代の学校教育とは違うということだ。あくまで世の治者である武士としての心得を身につけるための学問である。明治のはじめ、政治家、官僚の大半は武士出身であった。明治期の総理大臣は、すべて元武士だ。

それは各地の藩校などで為政者《いせいしゃ》としての心得を学んできた者だから、国政を担当しても応用が利いたのである。教科書も全国共通の「儒教」であったから、藩が異なっていても、同じ価値観を持つ者同士で仕事ができた。百姓何兵衛が、「四民平等」の世になったからといって、突然、国家の中枢に座ったという例はない。明治五年（一八七二）八月に「学制」が発布されたことにより、日本に近代教育が導入されたのである。そして百姓何兵衛の子か孫くらいの世代になり、ようやく武士以外の中から為政者が輩出するのである。

第一章

黒船来航を機に国政へ

「蘭癖」の遺伝子を強く受け継ぐ斉彬

二百六十年以上にわたり日本を支配した徳川幕府という政権が崩壊し、天皇を頂点とする新政権が誕生した。これがいわゆる「王政復古」であり「明治維新」である。

明治日本が目指したのは、「万国対峙《ばんこくたいじ》」だ。天皇を核として中央集権を実現し、一日も早く西洋列強に追いつけ、追い越せと猛烈な早さで近代化を進めた。その図面をいち早く引いていたのは、薩摩藩主の島津斉彬《なりあきら》である。

斉彬は島津家二十七代薩摩藩主斉興《なりおき》の長男として、文化六年（一八〇九）に生まれた。世子《せいし》（跡継ぎ）として認められながらも、父斉興をはじめとする反対勢力も強く、なかなか藩主の座に就けなかった。

その一因として、斉彬が曽祖父で二十五代藩主の島津重豪《しげひで》から、強い影響を受けていたことが挙げられる。重豪は豪快な気性で、十一代将軍徳川家斉《いえなり》の岳父（義父）として権勢をふるったが、「蘭癖《らんぺき》大名」と呼ばれた開明《かいめい》派でもあった。中国やオランダの学問を熱心に受け入れ、オランダ商館の医官シーボルトとも交流した。藩校造士館、医学院、薬草園、明時館（天文館）を設立したり、農学書『成形図説』などの出版も行っている。

ところが、ただでさえ苦しかった薩摩藩の財政は、重豪の「蘭癖」のおかげでさらに苦しくなってしまう。そこで調所広郷が登用され、大胆な「天保の改革」がはじまる。調所は特産品開発、改良、販路の合理化はもちろん、五百万両の負債の無利子二百五十年賦、偽金づくり、琉球を窓口とした密貿易など、あらゆる手段を用いて改革を推進した。こうして、かなりの荒療治ではあったが薩摩藩の台所は再建され、さらに百万両の蓄えまでできる。

そこへ「蘭癖」の遺伝子を強く受け継ぐ斉彬を藩主に据えれば、またもや財政難に陥るのではないかとの危惧を抱く者がいた。こうして斉彬の異母弟である久光《ひさみつ》を次期藩主にと望む勢力が生まれ、「お由羅《ゆら》騒動」あるいは「高崎崩れ」などと呼ばれる御家《おいえ》騒動が起こる。

しかし、幕府の老中首座阿部正弘《まさひろ》などの応援もあり、斉彬は四十三歳の嘉永四年（一八五一）二月、ようやく島津家二十八代の薩摩藩主となった。

壮大な集成館事業

今日、薩摩の「偉人」の一人として名が挙がる島津斉彬だが、実は江戸生まれの江戸育ちである。世子のころは、二度鹿児島に帰ったことがあるだけで、あとはずっと江戸で過ごした。

江戸で斉彬は高野長英《ちょうえい》、川本幸民《こうみん》、箕作阮甫《みつくりげんぽ》、伊東玄朴《げんぼく》といったすぐれた洋学者を招き、手に入れた洋書を翻訳させたり、科学実験を行ったりした。

あるいは老中首座阿部正弘、水戸藩前藩主徳川斉昭《なりあき》、越前藩主松平慶永《よしなが》（春嶽《しゅんがく》）、尾張藩主徳川慶恕《よしくみ》（慶勝《よしかつ》）、土佐藩主山内豊信《とよしげ》（容堂《ようどう》）、宇和島藩主伊達宗城《むねなり》といった諸大名を江戸藩邸に訪ねては、親交を深める。こうして自藩だけではない、世界の中の「日本」という大きな視点を持つに至った。

世子の期間が異常に長かったことは、本人にとっては不本意であり、屈辱だったであろう。しかし、結果としては斉彬の視野をうんと広げさせ、多彩な人脈を築くことにつながったから、決して無駄な時間ではなかった。もし、もっと若くして藩主となり、江戸を離れ、自藩の経営に日々振りまわされていたとしたら、また別の人生を送ったかもしれない。

嘉永四年（一八五一）五月、斉彬は江戸の空気をたっぷり身にまとい、藩主としてはじめて鹿児島にお国入りをする。

ただちに斉彬は洋式軍備の充実に着手した。まずは蘭書を頼りに、鉄製大砲をつくるための反射炉《はんしゃろ》の雛形《ひながた》を製作する。

続いて嘉永五年（一八五二）冬からは磯邸（島津家別邸）内で、反射炉の建設に取りかかった。ところが同六年夏に完成した反射炉の一号炉は耐火煉瓦《れんが》が鉄と一緒に溶けてしまい失敗、取り壊すことになる。落胆する掛員《かかりいん》や洋学者たちを前に斉彬は、

「わずかの試験で成功すべき理なし。いまより数十回、試験の労を積まば、必ず功を見るべし、西洋人も人なり、佐賀人も人なり、薩摩人も同じく人なり、退屈せずますます研究すべし」

と励ましたという。さらに安政元年（一八五四）に二号炉の建設に着手し、同三年に完成。鉄製大砲の鋳造に成功したが、これは佐賀藩に次ぐ日本で二番目の反射炉となった。同四年には三号炉も完成し、二基の反射炉から生産された銑鉄で製

集成館反射炉跡（鹿児島市吉野町）

造された数十門の大砲が、鹿児島沿岸の台場に並んだ。

反射炉の北隣には日本初となる洋式の製鉄溶鉱炉、さらには水力により同時に六門の大砲の孔を鑽《き》り開く鑽開台《さんかいだい》工場も設けた。

他にも紅ガラス精煉かまど、水晶ガラス製造かまど、板ガラス製造かまど、鉛ガラス製造かまど、磁器製造かまど、陶器製造かまど、抄紙（紙すき）場、胡粉《ごふん》（白色絵の具）製造所、洋式搾油器械と農具製造所、刀剣製造所、氷白糖製造所、地雷水雷製造所、獣皮消軟所、皮革器械製造所、膠《にかわ》製造所などが建設された（下堂園純治編『かごしま歴史散歩』昭和五十二年）。

この、日本初の大規模な洋式軍事工場は、安政四年（一八五七）八月に「集成館《しゅうせいかん》」と命名された。一千二百人の職工が働き、製鉄や大砲製造をはじめ各種工芸品までが生産された。

突然ではなかった黒船来航

薩摩藩主となった島津斉彬が理化学を応用した洋式軍備の充実に力を注いだのは、もちろん単なる趣味からではない。安政四年（一八五七）閏《うるう》四月、完成した集成館を巡視した斉彬は、家老の新納《にいろ》久仰《ひさのり》や側近たちに次のように語った。

「日本の形勢は、予断を許さないものがあり、後六・七年もすれば乱世になるから、軍備を第一に心がけなければならない。薩摩・大隅・日向三ケ国には、大砲は一千挺もあればよい。これを備え終わったら、残りは日本国中や中国などへ売り出せばよい」（下堂園純治編『かごしま歴史散歩』昭和五十二年）

十九世紀に入ってからの日本には、産業革命を成功させ、資本主義を確立した西洋列強が、通商を求めて近づいてきた。外圧への対処は緊急課題だったのである。

「鎖国」は「祖法」だと言い張っていた幕府だが、文化三年（一八〇六）八月に「（文化の）薪水《しんすい》給与令」を発し、漂流船に限り薪水や食料の補給を認めた。しかし、「異国船」との間に揉め事が相次ぐと、文政八年（一八二五）二月には強硬策である「異国船打払令」に改める。これに従い天保八年（一八三七）六月、浦賀沖にやって来たアメリカ商船モリソン号を砲撃したが、同船には日本人漂流民が乗っていたこともあり、後日問題が大きくなってしまった。幕府の対応を高野長英、渡辺崋山《かざん》らが批判したため、同十年に「蛮社《ばんしゃ》の獄」を引き起こすことにもなる。

さらに、アヘン戦争で清朝《しんちょう》中国がイギリスに敗れたとの情報も伝わってきた。だから天保十三年（一八四二）七月になり、幕府は「（天保の）薪水給与令」を出して柔軟路線に切り替える。

このころになると、国内でも二百数十年続いた幕藩体制にほころびが目立ちはじめるようになる。天保八年（一八三七）二月には大坂東町奉行所の与力《よりき》だった大塩平八郎《おおしおへいはちろう》が、凶作、物価高騰、飢餓と続く庶民の生活苦を見かね、武力反乱を起こす。乱はわずか半日で鎮圧され、大塩も自決したが、これが幕府批判の眼を覚醒させ、各地で大規模な一揆や暴動が相次ぐ。

そしてついに嘉永六年（一八五三）六月三日、江戸湾の入口、浦賀沖にアメリカの東インド艦隊司令長官マシュー・C・ペリー提督率いる黒船四隻が姿を現わす。「幕末」という時代のはじまりである。江戸や近郊の庶民は大混乱状態に陥ったが、ペリー来航はなにも「突然」だったわけではない。実は幕府首脳部は一年前から、アメリカ使節が軍艦を率い来日することを、長崎出島のオランダ商館長ドンケル・クルチウスからの情報「別段風説書《べつだんふうせつがき》」により知っていたのである。

江戸時代のはじめ、いわゆる鎖国政策をとった日本は、西洋諸国の中ではオランダとのみ交流を持ち、そこから海外情報を得ていたことは周知のとおりである。

オランダはアメリカ使節が来日する前に、日本とオランダが通商条約を結ぶことを提案した。日本貿易の利益を西洋諸国の中で独占し続けてきたオランダとしては、アメリカに先を越されたくはない。

ところが幕府は、クルチウスからの情報を極秘扱いとする。「依らしむべし知らしむべからず」というのが、幕府がそれまで貫いてきた方針であった。

阿部正弘が認めた島津斉彬

オランダからの情報に強い危機感を抱いたのは、老中首座の阿部正弘である。福山藩主（譜代《ふだい》大名）の阿部はペリー来航の嘉永六年（一八五三）当時三十五歳。天保十一年（一八四〇）に寺社奉行となり、天保十四年（一八四三）閏九月には二十五歳で老中に進むという、幕閣の中で異例の早さで出世を遂げてきた。続いて弘化二年（一八四五）二月、「天保の改革」が挫折して水野忠邦《ただくに》が罷免されるや、幕府の諸政務を統轄する最高職である老中首座の地位に就く。

アメリカ使節が来航すると知った阿部は、さっそく八人の海防掛《がかり》を招集して会議を開く。そこで阿部は、江戸湾の防御強化を訴える。しかし、財政逼迫を理由に反対されたりして、思うように進まない。

海防掛たちはオランダの情報すら、正確か否かわからないと言い出す。そして十月二十四日、長崎奉行に判断を委ねるとの答申を出す。まったく危機感がない。一か月後、長崎奉行は江戸城で、外国人の言うことだからあてにならないと報告した。この問題は、これで終わってしまう。

でも、阿部はあきらめない。その二日後、開明派として知られた薩摩、福岡、佐賀の各藩主（いずれも外様大名）に、最高機密であるオランダ情報をひそかに知らせ、意見があれば上申せよと求めたのである。最初の「祖法」破りである。この時は、ただちに大きな効果が表れなかったようだが、阿部のとった大胆な行動が、歴史の転換点となっていった。

阿部は国政に参加できない、しかし実力も見識も備えた大名に期待する。

彼らのような大名を、後世「有志大名」と呼ぶ。有志大名は「名君」とは違う。名君は自分の藩限定ですぐれた政治を行い、領民の暮らしを向上させればよい。しかし、有志大名は日本という国単位で物事を考え、そのために行動する。幕末とは、外圧に晒されることで、何人かの有志大名が出現した時代でもある（井上勲『日本の時代史20　開国と幕末の動乱』平成十六年）。

海防掛からその意見を退けられた阿部が助けを求めた当時の薩摩藩主とは、改めて言うまでもなく島津斉彬である。

阿部からアメリカ使節来航を知らされた斉彬は嘉永五年（一八五二）十一月、江戸から書を在藩の弟久光に送り、藩地の警戒を怠らぬよう注意を与えた。

渡辺修二郎『阿部正弘事蹟　下』（明治四十三年）によれば、阿部は斉彬を大藩藩主中で最も親善な一人と認めていたという。その出会いを取り持ったのは、徳川一門の越前藩主松平慶永（春嶽）

であった。いつのことかは具体的に明記されていないが（斉彬が世子時代だが）、同書には次のような逸話が紹介されている。

阿部はかつて水野忠邦から、薩摩藩には油断するなと教えられていた。だが慶永は、

「島津は決して幕府の為に不忠なる者にあらず」

と言って否定し、斉彬と実際に会うことをすすめる。

数日後、越前藩邸で斉彬と会った阿部は、互いに胸襟を開いて親しく語り合う。後日、慶永から感想を問われた阿部は、

「果して貴言の如く、彼は政府の輔翼《ほよく》となるべき人物なり、若し単に水野の言のみを信じなば甚《はなは》だしき誤解を生すべきに、公の忠告謝するに余《あま》りあり」

と、感謝の念を述べた。ここで阿部が「政府の輔翼」と言っている点に注目したい。政府とは幕閣のこと。それを、外様大名の世子に助けてもらおうというのである。この言葉を信じるなら、阿部は人事に関する「祖法」も破ろうと企んでいたことがうかがえる。

さらに慶永は、先の水野の言を斉彬に伝えた。すると斉彬は、次のように弁明したという。

「島津家家訓あり、戒めて徳川氏の為に不忠なることあるべからざらしむ、決して二心を懐《いだ》くが如きことなし」

このころ、薩摩藩と徳川幕府の関係は、悪くない。もちろん薩摩藩に、幕府を倒そうなどという野心は芽生えていない。なにしろ二十五代薩摩藩主島津重豪は十一代将軍徳川家斉の岳父（義父）なのである。

その後、先述のような斉彬襲封《しゅうほう》（領地継承）を妨げる動きが起こり、御家騒動となった。これを機に嘉永四年（一八五一）二月、渋る父の斉興を隠居させ、四十三歳の斉彬を二十八代薩摩藩主に据えたのも、阿部の尽力によるところが大きい。

ペリー来航

アメリカが通商を求めて日本に送り込んだ使節は、ペリーがはじめてではない。七年前の弘化三年（一八四六）には、ビッドルという使節が二隻の黒船を率いて浦賀沖に来て、国書を呈し通商を求めたが、幕府に拒否されている。

アメリカは西部海岸のカリフォルニアを開いて以来、太平洋を渡り、中国貿易を行う経路をつくったので、日本を寄港地にしたかった。また、人口の多い中国への綿製品輸出は魅力的だ。日本を開国させたら、アフリカまわりで中国にやって来るイギリスとの競争でも優位に立てる。あるいは、蝦夷《えぞ》（北海道）も捕鯨《ほげい》の拠点として利用価値がありそうだと目をつけた。

多くのアメリカ人の期待を背負い、黒船四隻（二隻は蒸気船、あとは帆船）を率いてきたペリーの態度は、のちに「砲艦外交」と呼ばれるほど強引であった。幕府は外交の窓口である長崎にまわるよう指示したが、ペリーは聞かず、江戸湾内に進んでくる。そしてこの地において、アメリカ大統領フィルモアの親書を受け取るよう迫った。

幕府はアヘン戦争の情報などから、自分たちが武力で太刀打ちできる相手ではないと知っている。十二代将軍徳川家慶《いえよし》は病床にあり、指導力を発揮できるような状況ではない。幕府内では国書受け取りをめぐり、賛否両論が戦わされた。

その間にも、ペリーは勝手に江戸湾内を測量する。黒船に積まれた大砲には弾が込められ、乗組員たちはそれぞれの部署につき、戦闘態勢をとっている。

「外圧」は目に見える形で、日本人の前に現れた。結局幕府は六月九日、ペリーの要求を入れ、法を曲げて国書《こくしょ》を久里浜の応接所で受け取った。この時の幕府の態度が弱腰だったと、のちのちまで非難を受けることになる。

幕府は返答をオランダ人か中国人の手を経て、長崎で渡そうと考えたようだ。しかし、ペリーはこれも拒否する。来春さらに多数の艦船をもって来日し、直接返事をもらうと言い残し、六月十二日、日本から去っていった。その十日後の二十二日、将軍家慶が病没した。

斉彬が望んだ新しい政治

薩摩藩主の島津斉彬はペリー来航時、江戸にいない。鹿児島に帰国するため嘉永六年（一八五三）五月二日、江戸を発していたので、六月二十日、領内阿久根《あくね》において知らせを受けた。かねて予想していたため特に驚くこともなく、二十二日、鹿児島に到着している。藩主になって二度目のお国入りだ。

二十九日、斉彬は江戸にいる松平慶永に手紙を書き、自らの意見を示した。それによるとまず防備充実が大事で、特に当今軍艦建造が第一の急務とある。また、アメリカと条約を結べばイギリス、フランス、ロシアなど諸国も続いてくるだろうから、ペリーへの回答は一年ほど延期し、その間に充分の対策を立て、水戸藩の前藩主徳川斉昭に海防を一任すべきだとも述べている。

その後、斉彬は同じ説を水戸の斉昭や尾張の徳川慶恕《よしくみ》にも伝えた。さらには島津家と関係が深い上級公家の近衛忠煕《このえただひろ》にも七月十日に手紙を送り、軍艦製造の急務を説き、そのための勅諭（天皇の命令）降下に尽力してくれるよう求めた（池田俊彦『島津斉彬公伝』昭和二十九年）。

幕閣は原則として、古くから徳川家の番頭的な譜代大名で構成されている。一門の慶永、徳川御三家の斉昭、慶恕は徳川の同族であり、将軍の輔佐はするが、目立った働きはできない。将軍より名声が上がれば、秩序崩壊につながるからだ。だから譜代大名は徳川御三家や一門を監視し、場合によっては排除にかかってくる。近衛も天皇も絶大な権威だが、元和元年（一六一五）に定められた「禁《きん》中《ちゅう》並《ならびに》公家《くげ》諸法度《しょはっと》」により、国政への参加はもちろんできない。

外圧に抗するためにも、日本を一本化する必要があった。さまざまな力を結集させて新しい政治勢力を築き、斉彬は眼前の国難に当たろうとする。それは国政の頂点に立つ老中首座が、理解ある阿部正弘だったからこそ可能であった。

ペリー来航からひと月後の七月三日、阿部は失脚中の水戸藩の前藩主徳川斉昭を引っ張り出して、幕

島津斉彬銅像（鹿児島市照国神社）

府の「海防参与」としている。斉昭は意見十か条を建言して、和戦を一決すること、大艦建造が急務であると説く。

激しい攘夷論者である斉昭は、かつて幕府が異国船への対応を緩和したことを非難し、たびたび幕府に建議していた。危機意識が強すぎるため譜代大名の老中から睨まれ、祖法を理由に処罰され隠居させられた。

そんな斉昭を、阿部が堂々と意見が述べられる場に据えたのである。譜代大名との均衡を崩したこの人事は画期的で、排除されてきた者たちは、一条の光を見た思いがしたであろう。庶民もまた、斉昭の登場に期待したことが、当時のはやり歌などからうかがえる。

島津斉彬は九歳年長の斉昭と親交があり、常に意見や情報を交換していた。薩摩・水戸藩領とも、長い海岸線を持っている。だから外敵に対する危機感も、海防への興味も格別であった。

斉昭から斉彬に、海防に関する蘭書の借用を申し込んだ手紙がある。嘉永二年（一八四九）には、斉彬から斉昭に薩摩製ゲベール銃の見本をひそかに贈呈している。時には斉彬から豚肉を贈ったとの史料もある。

そして斉昭が海防参与となるや、斉彬は八月二十九日、ひそかに手紙を寄せてこれを祝った。同じ手紙で軍艦蒸気船造立のこと、ならびに軍事必要品を大名が自由にオランダへ注文できるようにしてほしいと幕府に根まわしを頼む。あるいは大坂商人から献金させて、諸大名に配当してはどうかなどと提案する（池田俊彦『島津斉彬公伝』昭和二十九年）。

次々と破られる制度

ペリーが去るや、老中首座の阿部正弘ら幕閣は翻訳したアメリカの国書を示し、ペリー再来にどう対処すればよいのか、諸大名に諮問するという、これまた大胆な「祖法」破りを行った。二百数十年もの永きにわたり、国政の蚊帳《かや》の外に置かれていた外様大名にも発言する機会を与えたのである。どの大名でも発言できる制度づくりは弘化三年（一八四六）のビッドル来航後、徳川斉昭が提案していたことだったが、ようやく実現した。

その結果、二百三十二の大名から意見が寄せられて活気づく。内訳は御三家、御三卿から四通、家門から十四通、溜間詰《たまりのまづめ》から九通、譜代から百九通、外様から九十六通となっている。

当然ながら、鎖国状態を続けることを望む声が大半を占めていた。翌年のペリーへの回答を即時許可（開国）は六通、即時拒絶（鎖国）は十一通と、開国派はこれまた少ない。戦争になれば、勝算が乏しいことくらいは理解していたのである。だから海防強化が求められた（井上勲『日本の時代史20　開国と幕末の動乱』平成十六年）。

そしてこの諮問が、重要な政策は特定の大名だけではなく、多くの意見を募り、合議で決めるのだという「公議与論」の考えが広まる契機となった。

斉彬といえば七月二十九日、幕府の諮問に対し答申している。いまの状況で打ち払っても勝算はないから、確答を三年間延期し、その間に全国の武備を整え、軍船を建造せよという。そうすれば三年後には必勝の計策もあるとする。また、海防総裁として徳川斉昭を挙用するよう求めた。

続いて八月二十九日にも斉彬は幕府に対し願書を出し、質素倹約の令を発して海防に力を注ぎ、大船建造の禁をゆるめ、軍事必要品を長崎奉行を経てオランダに注文させてほしい、などと述べている（池田俊彦『島津斉彬公伝』昭和二十九年）。前後して福岡藩主黒田斉溥（斉清《なりきよ》、長溥《ながひろ》）、尾張藩主徳川慶恕、越前藩主松平慶永、宇和島藩主伊達宗城、土佐藩主山内豊信も、大船建造の禁を解くよう幕府に求めた。

そして九月十五日、幕府は慶長十六年（一六一一）に定められた最高法規である「武家諸法度」で禁じていた大船（五百石以上）の建造を、ついに解禁とする。この件については実は阿部もペリー来航以来、解禁に向けて働いていたのである。これにより外様が多い西国大名の海上交通は格段に便利になり、さらには軍事力の移動も容易になる。

また少し後になるが、文久二年（一八六二）八月には「武家諸法度」で定められていた参勤交代の制度も緩和された。一年おきに江戸と国元を往復するのが、三年に一回という頻度になる。節約して、大名の軍事費を捻出させるのである。あるいは、大名が多数の家臣を率い、長期にわたり領地を離れることが防衛上好ましくないとの理由もある。

「武家諸法度」の制度は幕藩体制のもと、国内を統治するのを目的としてつくられていた。それが外圧に対処するため、百八十度方向転換する必要が生じてくる。いずれも、下手をすれば幕藩体制を揺るがしかねない大胆な緩和であった。

また、阿部は、人材登用も積極的に行っている。ペリー来航前後に引き立てられ、政治の第一線に立つことになる幕臣は、川路聖謨《かわじとしあきら》、堀利熙《としひろ》、永井尚志《なおゆき》、岩瀬忠震《ただなり》、井上清直《きよなお》、大久保忠寛《ただひろ》（一翁《いちおう》）、勝海舟《かつかいしゅう》など。彼らの大半は泰平の世なら、部屋住みか下級役人で一生を終えるような人たちであった。

肝心の海防強化の検討にも入り、八月には伊豆韮山《にらやま》代官で砲術家だった江川英龍《ひでたつ》（担庵《たんあん》）の指揮下、品川台場の築造にかかる。丸裸同然の江戸湾に、十一基の大砲を据えるための人工島を設けるという計画であったが、うち六基が完成した。現在も二基が残り「お台場」として知られている。

十一月一日、阿部はペリー再来にどう対応するか、その方針を明らかにした。それは、海防施設がまだ完備していないので、国書に対しては諾否を明答せず、なるたけ平穏に取りはかりたい、ただし、万一戦端が開かれた場合は一同奮発し、国体を汚さぬよう、上下挙げて忠勤に励めよといった内容であった。肝心の開国をするのか、鎖国を続けるのかの確答は出さないつもりであった。

品川台場（砲台）。第三（右）と第六（左）

日米和親条約が締結調印される

年が明けた安政元年（一八五四）一月十一日、ペリー率いる黒船艦隊が伊豆沖を通過したとの知らせが、幕府に入ってくる。

今度は七隻に増えたペリー艦隊は浦賀から神奈川沖、そして羽田沖まで進んだ。幕府は儒役《じゅやく》林大《はやしだい》学頭《がくのかみ》（復斎《ふくさい》）らを、米国使節応接掛に任じた。

ペリーは部下を従え、五百の武装復水兵に護られて上陸してくる。一月二十五日（太陽暦〈新暦〉では二月二十二日）は初代大統領の誕生日だからと、祝砲と称して百二十発以上の空砲を放ち、威嚇した。神奈川に設けられた応接所で交渉がはじまったのは、二月十日である。

アメリカ側の『日本遠征記』だけ読むと、ペリーは日本を半文明国と見ており、交渉にあたった幕府側の役人は優柔不断でだらしないように見える。

ところが日本側の『墨夷応接録《ぼくいおうせつろく》』には、交渉の席で林から言い込められ、たじたじになったペリーの姿が記録されている。林はペリーが日本は人命を軽視する国だと決めつけるのに対して断固反論した上、日本は自給自足でやっていけると説く。ペリーは戦争の可能性をちらつかせるが、林は一歩も退かない。日本はペリーの強引な態度に屈したと思われがちだが、実は日本側もかなり奮闘していたのである。

その結果、三月三日には「日米和親条約」が締結調印される。

ペリーがアメリカ大統領から命じられていたひとつは、日本との通商貿易だったが、それは林が承知しなかった。貿易による利益は認めながらも、林はペリーの申し出を突っぱねたのである。阿部が斉昭らの意見を入れ、たとえ戦争になっても通商だけは認めぬとの方針を立てており、林はその部分を守り抜いたのである。

条約では伊豆下田、蝦夷箱館《はこだて》（函館）の開港、薪水、食料、石炭などの給与、漂流民の保護などが決められた。完全な「開国」の条約ではない。

ただし、今後日本が他の西洋列強と条約を結んだ際、アメリカとの条約にない項目があった場合は、自動的に加えられるという、一方的な最恵国待遇の扱いを認めてしまった。

続いて幕府は同年八月にはイギリスと、十二月にはロシアと、翌安政二年（一八五五）十二月にはオランダとの間に、それぞれ和親条約を締結する。

なお、ペリーの『日本遠征記』は、文久二年（一八六二）には早くも日本で翻訳出版された。そこにはアメリカ側の都合のよい話ばかりが一方的に羅列されており、幕府の印象低下につながってしまう。

三本槍を許された長州藩

この時期の長州藩は、薩摩藩のように国政に積極的に関与し、「祖法」の制度を変えてしまおうといった動きはなく、まだまだおとなしい。

藩主は天保八年（一八三七）四月、十九歳で襲封した、毛利慶親《よしちか》（のち敬親《たかちか》）である。藩主となった慶親は老臣村田清風を登用し、倹約で藩財政を立て直し、文武を奨励して嘉永二年（一八四九）には藩校明倫館を拡大移転したりした。

藩領の三方が海に面している長州藩にとり、海防は切実な問題だ。天保十四年（一八四三）四月一日には萩郊外の羽賀台《はがのだい》において総軍勢一万三千九百六十三人、馬数五百三十四頭という一大軍事演習を行って士気高揚に努めている。

その甲斐あって最初のペリー来航の際、幕府の江戸湾警備の命令が出るや、長州藩の江戸屋敷は迅速な対応を見せた。すでに待機させていた火砲三門と五百余人の藩兵を、部署に定められた大森海岸に急行させたのである。

この動きを高く評価した幕府は十一月十四日、ペリー再来に備え、相州《そうしゅう》（三浦郡、鎌倉郡の三十九か村）の警備を長州藩に担当させる。

その際、幕府は毛利家に対し、特に儀仗《ぎじょう》三本槍の使用を許す。従来、大名行列などの先頭に立てる槍は二本だが、格式の高い徳川御三家と越前藩松平家、薩摩藩島津家、仙台藩伊達家の六家は三本が認められていた。これに毛利家も加えられたのである。

張り切った長州藩は江戸葛飾《かつしか》別邸の中に砂村《すなむら》鋳造《ちゅうぞう》所を設ける。萩から鋳物師《いもじ》の郡司右平次《ぐんじうへいじ》を呼び寄せ、西洋砲術家の佐久間象山《しょうざん》の指導を受けながら、十八ポンド砲三十六門を鋳造し、相州に運んだ。

慶親は自ら強い意志を持ち、家臣や社会を力強く牽引していくような指導者ではない。藩主になって九年目の弘化三年（一八四六）、藩治がすぐれているとの理由により、幕府から褒賞をもらっている。だから名君かもしれないが、有志大名ではない。

長州藩の場合は、強烈な個性を放つ若手の家臣が突出して、自らの信念に基づいて政治活動を行った。まさに示威行為の連続であり、自らを「志士」と称した。「志

毛利慶親（敬親）

う若者だ。

士」たちは藩主を巻き込んで時代を動かしたのだが、その先頭を切ったのが吉田松陰（寅次郎）とい

松陰のアメリカ密航未遂事件

吉田松陰は長州藩の山鹿《やまが》流師範であった。兵学者になるための厳しい特殊な教育を受け、九歳で藩校明倫館に出仕《しゅっし》して、教授見習いを務める。十歳で後見人つきの教授、十九歳で独立した教授となった。十一歳の時には藩主毛利慶親の前で『武教全書』の一節を講義し、絶賛されている。

このように将来を嘱望されたエリートだったが、江戸遊学中の嘉永四年（一八五一）十二月、二十二歳の年、南下政策を進めるロシアの脅威を感じ、脱藩して東北地方の防備を視察してまわった。このため、士籍を剝奪されてしまう。しかし、藩主慶親の恩情により実父の育《はぐくみ》（家督と関係ない養子のような身分）とされ、十年の遊歴を許可されて、嘉永六年（一八五三）五月二十四日、江戸に入った。そしてくしくも六月三日のペリー来航に遭遇する。居ても立ってもいられない松陰は、

吉田松陰肖像画（著者蔵）

「心甚だ急ぎ飛ぶが如し、飛ぶが如し」

と、藩邸の瀬能吉次郎に書き残して浦賀へと走り、黒船艦隊を目の当たりにした。西洋兵器の威力に圧倒された松陰だが、外圧を除くことができなければ、三千年続いてきた日本の「独立不羈《どくりつふき》」は維持できないと、真剣に考える。

そこで八月、浪人の身でありながら、藩主に「将及私言《しょうきゅうしげん》」「急務条議」と題した意見書を差し出す。幕府の外交姿勢を非難し、長州藩が率先して外敵を打ち払うよう訴えた内容だ。しかし、これが分不相応な行動であると藩士たちから非難され、松陰は藩邸への立ち入りを禁じられてしまう。

このころ松陰に強い影響を与えていたのは、佐久間象山だ。信州松代藩士の象山は儒学と西洋学の両方に通じており、江戸木挽町《こびきちょう》で西洋砲術の私塾を開いていた。象山は、これからの日本の進むべき道を、

「東洋の道徳、西洋の芸術」

と説く。道徳は従来どおり東洋の儒教思想をとり、科学技術（芸術）はすぐれた西洋のものを積極的に導入しようというのである。

象山はペリー来航を機に、西洋に留学生を送るよう幕府に提案したが採用されなかった。そこで松陰を煽《あお》って、密航させようとする。発覚した際は密航と言わず、漂流に見せかければ罰せられないとの奇策を授けたりもする。

松陰は十月二十七日、まず長崎に行き、ロシアの黒船に乗ろうとしたが、時機が合わずに失敗した。そこで再び江戸に戻り、二度目に来航し、日米和親条約を締結調印したペリーの黒船に乗り込

もうとする。

安政元年（一八五四）三月二十七日深夜、松陰は門人とした金子重之輔《しげのすけ》とともに、伊豆下田沖に停泊中だったペリーの黒船艦隊に小舟で近づき、ひそかに連れて行ってくれるよう頼む。「西洋の芸術」を知り、対策を立てるための敵情視察のつもりである。

しかし、アメリカ側はこの申し出を断り、松陰は幕府に捕えられ、投獄された。取り調べの際、「こんなに細かい日記をつけたのは、外国人に見せるためだったのか」（現代語訳、「回顧録」『日本の名著31　吉田松陰』昭和四十八年）

と問われたのに対し、松陰は、次のように答えた。

「あなたはまだわれわれの本当の気持がお分かりにならないようだ。われわれは国のために外国の事情を探ろうとしたのだ。どうして国の内情を彼らに示すようなことがあろうか。日記をつけたのは、まさに今日のようなときに役立てるためだったのだ」（同前）

自首した松陰は、下田から江戸に護送される際、

「かくすれば　かくなるものとしりながら　やむにやまれぬ大和魂」

と詠じている。まさに「やむにやまれぬ」心境だったのであろう。

幕府は松陰の志を認め、意外と軽い処分で済ませた。半年ほど江戸伝馬町《てんまちょう》の牢に繋《つな》いだ後、故郷の長州萩に送り返したのである。

それから松陰は城下の野山獄《のやまごく》で過ごし、六百冊以上の本を読み、囚人とともに孟子などの勉強会を開いたりした。一年二か月後の安政二年（一八五五）十二月十五日、病気保養を名目に獄を出され、

親元である松本村の杉家に帰ってくる。やがて謹慎の身のまま、松下村塾を主宰することになった。

一方、松陰の密航に関わった罪により象山も捕えられ、故郷の信州松代《まつしろ》で蟄居《ちっきょ》させられた。許されたのは八年後の文久二年（一八六二）である。

薩摩藩、大船を建造

大船建造の禁が解かれるや、嘉永六年（一八五三）十一月六日、島津斉彬は幕府に大船十二艘と蒸気船三艘の建造伺いを出している。幕府は建造費用を支出するので二、三隻を提供してほしいと依頼した。

その際、斉彬は外国船と識別するため、白帆に「日の丸」を船印としたい旨を申し出る。幕府も諸藩も区別なく、「日本」の統一したシンボルをつくろうというのである。しかし、区別がないことが気に入らないと、幕府内には難色を示す者もいた。そこへ徳川斉昭の後押しがあり、翌安政元年（一八五四）七月九日に日章旗を日本の総旗印とすることが決まる。これが日本の国旗の起源という。

すでに薩摩藩は嘉永五年（一八五二）十二月、有事に備えて大砲を据えた、琉球大砲船の製造許可を幕府から得ていた。薩摩・琉球航路に限り使用するとの条件つきである。斉彬はこれらを西洋型に改造していった。

こうして安政元年（一八五四）三月には三本檣《ほばしら》、十八反帆《たんほ》の「以呂波丸《いろは》」が竣工した。これが日本における西洋型帆船の第一号とされる。

続いて同年四月には「昇平丸《しょうへい》」の進水式が挙行され、十二月に艤装《ぎそう》が完了した。長さ十五間（二十七・三メートル）、幅四間一尺（七・六メートル）、高さ三間（五・五メートル）、大砲十六門（うち臼砲二門、小口径自在砲四門）を備えた、日本で建造された洋式軍艦の第一号であった。

翌安政二年（一八五五）、昇平丸は幕府の希望により献上されることとなり、九月三日に引き渡し式が行われている。自藩ではなく国単位で考える有志大名である斉彬の、面目躍如といったところであろう。

斉彬は藩主に就任した直後から蒸気船製造に着手し、試行錯誤を繰り返していた。鹿児島で製造した蒸気船は実用に適さず、失敗に終わったこともある。

それでも諦めず、江戸田町の藩邸で製作した蒸気機関を、鹿児島から送致されてきた越通船《おっとせん》（小型の洋式船）に据えつけて、安政二年（一八五五）八月二十三日に試運転を行った。これは「雲行丸《うんこうまる》」と名づけられ、長さ九間（十六・四メートル）、幅一間五尺（三・三メートル）あり、日本の蒸気船製造の嚆矢《こうし》とされる。

このころの斉彬は、まさに時代の先端を走る寵児であった。安政二年（一八五四）は参勤交代で帰国する年だったが、幕府は江戸に留まるよう求めた。それほど頼りにされていたのである。

同年五月十四日には阿部正弘、牧野忠雅《ただまさ》（長岡藩主）、久世広周《くぜひろちか》（関宿《せきやど》藩主）、内藤信親《のぶちか》（村上藩主）といった四老中をはじめ、若年寄《わかどしより》、側役衆《そばやくしゅう》など幕府首脳部が田町の薩摩藩邸を訪れ、邸内の海岸台場における大砲発射や軍隊調練、野戦筒早打ち、小銃早打ちなどを視察している。続いて斉彬は一行を昇平丸に乗せ、走る船上から何度も大砲を発射させてみせた。首脳部の面々は、当然ながら度肝を抜かれたようである。

長州藩の反射炉と造船所

薩摩藩が、蒸気船建造で試行錯誤を繰り返していたころの話と思われる。長州藩主毛利慶親は、江戸城における控えの間である大広間《おおびろま》で島津斉彬と会った。大広間とは他に仙台・米沢・熊本・福岡・佐賀・土佐各藩主など国持ち外様大名十四家が詰める部屋である。

その際、斉彬はすでに薩摩藩邸では蒸気船や発火具製造の機械などを所持していると話した。慶親は関心を示し、ぜひ見せてくれるよう頼んだ。

斉彬が快諾してくれたので、慶親は田町の薩摩藩邸に侍医青木周弼《しゅうすけ》と近臣の二人を派遣し、視察させた。帰ってきた二人は、

「薩摩の西洋式機関は未だ発明途上の代物です。僅かに機関を運転する理屈を略見したにすぎません」

と、報告する。だが慶親は、斉彬が西洋式機関に関心を持っていることが重要だと述べて、

「薩州公の着眼頗《すこぶ》る高し。凡《およ》そ諸事発明の初めは損失必ず多し。しかし、その損失を嫌って逡巡《しゅんじゅん》する時は事なるべからず」

と称賛したという（小山良昌『名君毛利敬親』平成二十九年）。

慶親のほうが斉彬よりも十歳年少だったことを差し引いても、なんとも切迫感のない間の抜けたような逸話だ。

このころ、長州藩では反射炉築造の話が持ち上がっていた。安政二年（一八五五）八月には藩士岡儀右衛門らを使者として佐賀藩に派遣し、反射炉建造技術の伝授を願っている。長年にわたり長崎

警備を担当してきた佐賀藩は、いち早く洋式軍備を進め、日本初の反射炉を築いていた。反射炉は何度か失敗を重ねたものの、嘉永五年（一八五二）九月、ようやく三十六ポンドの鉄製大砲四門の鋳造に成功している。

しかし、佐賀藩主鍋島直正《なべしまなおまさ》（閑叟《かんそう》）は長州藩からの申し出を、いまだ研究途上との理由で断った。ただ、責任者への面談、反射炉の見学は許したので、使者に同行した大工棟梁小川忠右衛門は見取り図を作成し、萩に持ち帰った。

長州藩ではその図面を頼りに安政三年（一八五六）、萩のはずれに高さ十・五メートルの反射炉を築造したが、これはあくまで「試作品」である。続いて本式の反射炉の築造に着手しようとするが、十一月十九日になって中止する旨の沙汰が出た。技術的に未熟だったのと、資金が乏しかったというのが理由らしい。韮山代官江川太郎左衛門から西洋砲術の指導を受けていた長州藩士桂小五郎《かつらこごろう》（木戸孝允《きどたかよし》）などは、中止の沙汰を撤回させようと奔走したが、駄目であった（道迫真吾『萩の世界遺産』平成二十九年）。

また長州藩では大船建造禁止が解かれた後、軍艦製造の検討にかかっている。安政三年（一八五六）には萩の恵比須岬に造船所を設け、同年十二月に丙辰丸《へいしんまる》、万延元年（一八六〇）八月に庚申丸《こうしんまる》という、二隻の軍艦（木造帆船）を建造した。長州藩が幕末、自らつくった軍艦はこの二隻であり、あとは十隻ほどを西洋から購入している。

早くから海防の必要が叫ばれていた長州藩では反射炉も軍艦も、藩領を防御する目的であり、そこにはまだ「日本」という視点は希薄であった。

第二章

薩摩の脱落と挫折

斉彬と西郷と篤姫

ペリーが初来日したころのこと。十三代将軍徳川家定《いえさだ》の継室《けいしつ》を島津家から迎えたいとの希望が、幕府よりあった。斉彬は将軍家との関係強化に異存はない。そもそも江戸時代の島津家は、諸大名との婚姻によりネットワークを広げることに積極的であった。各大名家との婚姻は一度きりというのが多く、そこからは広く浅い関係を築こうとしたことがうかがえる。

斉彬が御台所《みだいどころ》の候補として白羽の矢を立てたのは、藩主一門の今和泉《いまいずみ》家島津忠剛《ただたけ》の娘敬子《すみこ》（幼名一《かつ》、のちの篤姫《あつひめ》〈天璋院《てんしょういん》〉）であった。敬子は嘉永六年（一八五三）三月十日、斉彬の養女となって、六月五日に島津氏の居城の鶴丸《つるまる》城に入り、続いて八月二十一日、鹿児島を発って、十月二十三日に江戸芝三田の薩摩藩邸に到着する。

翌安政元年（一八五四）一月二十一日、斉彬は鹿児島を発ち、藩主になって二度目の参勤の途につく。この時、西郷吉之助《きちのすけ》（隆盛《たかもり》）が郡方書役助《こおりかたかきやくたすけ》から転じて中御《ちゅうお》小姓《こしょう》、定御《じょうお》供《とも》、江戸詰を命じられ、はじめて行列に加わった。一行が江戸に入ったのは、三月六日である。

翌月、斉彬は西郷を庭方役《にわかたやく》に抜擢した。これは、西郷の友人で御納戸役《おなんどやく》の福崎七之丞の推挙があったからだという。庭方役は身分が低い職とはいえ、斉彬の近くに控えて日常的に接し、時には密命を帯びることもある重要な役目だ。

はじめ斉彬が周囲に西郷の人となりにつき尋ねたところ、「麁暴《そぼう》」とか「同役の交わり宜《よろ》しからず」とか、誹謗する声が多かった。斉彬はかえって興味を示し、いまの時代、人がほめるような者は役に立たないと、庭方役に西郷を選んだのである。

十二代将軍徳川家慶が、ペリー来航直後に死去したことは前章で述べた。家慶の四男で十三代将軍の座に就いた家定は病気がちで、動乱の時代の舵取りはできそうにない。また、家定はこれまで二人の正室を公卿の家から迎えたが、いずれも病弱で若くして病死してしまった。

十一代将軍徳川家斉の御台所であった広大院茂姫《こうだいいんしげひめ》は元薩摩藩主島津重豪《しげひで》の娘（長女）だ。彼女は家慶を養成するなど、大奥《おおおく》での評判もよかった。将軍の御台所を出した大名家は、これまで島津だけである。幕府側としては、武家の島津家から再び健康な女性を御台所に迎えようとしたのであろう。

ところが篤姫入輿《じゅよ》の儀は内裏《だいり》炎上や大地震（安政江戸大地震）などの大きな災害が続いたため、なかなか進まなかった。

安政三年（一八五六）二月になり、ようやく幕府は斉彬に対し、篤姫を右大臣近衛忠煕の養女として将軍家定に入輿せよと内達する。島津家は堂上公家《とうしょうくげ》の近衛家とは元来主従関係であり、縁戚関係にもあった。こうして十二月二十八日、江戸城で婚儀が行われ、篤姫は将軍家定の御台所となる。

その際、斉彬は蘭学者（のち幕臣）の大鳥圭介《おおとりけいすけ》の指導を受け、篤姫の写真を撮って送り出したという（山

篤姫銅像（鹿児島市黎明館）

崎有信『大鳥圭介伝』大正四年)。

もっとも幕府内には篤姫の入輿に批判的な声も少なからずあった。元水戸藩主の徳川斉昭などは越前藩主松平慶永に手紙を書き、

「東照宮(徳川家康)御敵《おんかたき》の薩の家来の娘を御台様」

とし、「廉恥《れんち》もなき世態《せたい》」と不満を述べている(安政三年〈一八五六〉九月二十一日)。幕府側でもこんな時になると、二百年以上前の「関ケ原」が持ち出されるのが面白い。

一橋慶喜を次期将軍に推す

十三代将軍徳川家定は暗愚との評判があり、しかも病気がちである。すでに三十歳を過ぎているから、世継ぎは望めそうにないと言われていた。そこで、次の将軍候補を誰にするかという現実的な問題が、ひそかにささやかれるようになる。

有志大名の中では、越前藩主松平慶永が早くからこの問題に関心を寄せ、次の将軍候補に一橋《ひとつばし》慶喜《よしのぶ》を推そうとしていた。慶喜は天保八年(一八三七)生まれで、安政三年(一八五六)当時二十歳。水戸藩主徳川斉昭の七男で、弘化四年(一八四七)九月、徳川御三卿のひとつである一橋家を継いだ。

安政三年(一八五六)八月十日、慶永は老中首座の阿部正弘を金沢の辰《たつ》ノ口《くち》の屋敷に訪ねて意見を問う。阿部は賛意を示しながらも、重大事なので慎重に考慮し、他言するなと戒めた(千葉県内務部『堀田正睦《まさよし》』大正十一年)。

のち慶永は越前福井に帰ったが、国元から根まわしを進める。外様大名の徳島藩主(十一代将軍徳

川家斉の子）蜂須賀斉裕《はちすかなりひろ》は賛成してくれたが、尾張藩主徳川慶恕《よしくみ》は将軍の婚儀が近いとの理由で、難色を示した。このころになると、篤姫入輿の話が具体化していたのである。

さらに慶永は将軍の岳父となった斉彬にも、たびたび手紙で相談する。

安政四年（一八五七）三月十五日、斉彬は慶永に返書して、いまは世子誕生を待望する気運が高まっているので、継嗣《けいし》問題は時期尚早だと慎重に行動するよう求めた。ただし、篤姫に家定の考えをそれとなく尋ねるように言い含めたとも知らせた。また、慶喜の実父徳川斉昭の大奥における評判がよろしくないので、交際を控えるよう、慶永に釘を刺す。

続いて斉彬は同年三月二十七日、慶喜本人に直接会ってみた。次期将軍にふさわしいとは認めたものの、慢心のところがあるので、慶永から諫《いさ》めるようにと、またも手紙で知らせた。

当時、有志大名たちに大きな変化が起こっていた。

まず、同年四月三日に島津斉彬が江戸を発ち、帰国の途につく。入れ違いの格好で五月十一日、松平慶永が江戸に到着した。

六月十七日には有志大名たちが頼みとした阿部正弘が、三十九歳で病死してしまう。これは有志大名たちにとっては大打撃であるばかりでなく、幕府の衰亡を早めたとも言われる。斉彬は七月二十九日、水戸藩の重役原田兵助《へいすけ》にあてた手紙に、阿部を失ったことにつき「天下国家のため悲涙」とし、後継者に期待したい旨を述べている。

病気が悪化した阿部に代わり、前年十月から老中首座を務めていたのは堀田正睦《まさよし》だ。佐倉藩主で、西洋砲術を採用するなど洋学興隆に熱心なことで知られていた。

ハリスの来日

そんなおり、「外圧」の問題が表面化する。安政三年（一八五六）七月に伊豆下田に着任したアメリカ合衆国の初代駐日総領事タウンゼント・ハリスが、大統領ピアースの親書を直接、将軍家定に渡したいと強く希望し、幕府はこれを認めたのである。

大勢の見物人が見守る中、ハリスが宿舎となる江戸九段下の蕃書調所《ばんしょしらべしょ》に入ったのは、安政四年（一八五七）十月十四日のことである。幕府は貴賓として扱い、接待委員を八名つけた。上機嫌なハリスは日記に、これは自分の生涯にとっても最も記念すべき好日だが、日本の開国史上さらに重要なる記念日になるだろうと記す。

ちなみに蕃書調所とは外交文書翻訳の秘密を守り、西洋軍事科学の翻訳や研究を進めるために安政二年（一八五五）一月、幕府が設立した洋学所である。ところが、洋学所という名は儒者からの反発があり、蕃書調所と改称した。「蕃」の字は野蛮に通じる。日本以外はみな野蛮国という排他的な考えが、まだまだ学者の世界を支配していたのである。

ハリスが江戸に到着した二日後の十月十六日、慶永は徳島藩主蜂須賀斉裕と連名で幕府に建白して、次期将軍に一橋慶喜を推す。また同じ日、慶永は薩摩に帰国していた斉彬に手紙を書き送る。慶永はすでに老中首座の堀田と老中の久世《くぜ》広周《ひろちか》（下総関宿《しもうさせきやど》藩主）に入説《にゅうぜい》（朝廷に説明）したこと、「何卒御助力」をお願いしたいこと、自分が「孤立独力」で奮闘していることなどを訴えた。

ハリスは通訳のヒュースケンを従え、十月二十一日、将軍徳川家定に謁見《えっけん》を果たす。続いて堀田正睦の屋敷を訪ね、居並ぶ幕府首脳部を前に、アメリカとの通商貿易による富国強兵の必要を説く。

このころになると、幕府も日本だけが世界で孤立して生きていけるとは考えていない。だからペリーの時と違い、ハリスの話も理解しようとする。ただ、どのような形で国を開くのかが問題になってくる。幕府はペリーの時と同様に、全国の大名から意見を募った。

ハリスの大演説の内容が鹿児島に届くと、斉彬もこれに回答する形で十二月二十五日、幕府に意見書を送っている。開国を認めながらも、「外圧」に抗すため、一日も早く将軍後継者を慶喜に決めて国内の人心を落ち着かせ、政治を安定させるよう訴えた。

他にも水戸藩はもちろん、土佐藩主山内豊信、宇和島藩主伊達宗城らも慶喜の支持を明らかにする。これを「一橋派」と呼ぶ。

しかし、これまで幕府の政策決定に関与できなかったような者たちの意見が通り、慶喜が次期将軍に決まったら、彼らの発言力が高まることは想像に難くない。

それでは、幕藩体制の秩序崩壊につながってしまう。当然ながら、政策決定の中心だった江戸城溜間詰《たまりのまづめ》の譜代大名が反発する。紀州藩付家老水野忠央《ただなか》や彦根藩主井伊《いい》直弼《なおすけ》ら譜代大名を中心とする一派は、紀州藩主の「徳川慶福《よしとみ》（のちの家茂《いえもち》）」を将軍候補に擁立した。

慶福は当年十二歳だが、将軍家定の従兄弟という血縁関係が重視されたのである。これを「南紀派」と呼ぶ。南紀派は、保守的な大奥とも結びつく。将軍家定が嫉妬もあって慶喜を敬遠しているのも、南紀派にとり好都合であった。

こうして「条約締結問題」の真っただ中で、幕府の御家騒動である「将軍継嗣問題」が表面化する。

十二月四日、目付で海防掛の岩瀬忠震《ただなり》と下田奉行の井上清直《きよなお》が全権委員となり、総領事で公使のタウンゼント・ハリスと条約締結の討議がはじまった。

交渉は翌安政五年（一八五八）一月十二日までに十四回行われ、岩瀬と井上は全知全能を尽くしてハリス側がつくった条約案の得失を審議していった。

このように条約案はまとまってくるが、最終段階で幕府は調印を渋る。天皇の許可、すなわち「勅《ちょっ》許《きょ》」が必要だと言い出したのである。

しかし、本当に勅許が必要だったのかと言えば、これは怪しい。

そもそも幕府は、大政を委任されている。たとえば寛永十年（一六三三）の「鎖国令」、寛政三年（一七九一）の「外国船取扱令」、文政八年（一八二五）の「外国船打払令」など、みな幕府が独断で発してきた。天皇には、事後報告すらしていない。幕府の権威が確かなうちは、それでよかったのである。

この理屈からすれば、「開国」も幕府の独断で行ってよいはずである。

ところが、これまで見てきたとおり、幕藩体制は揺るぎはじめている。まず、幕府としては挙国一致で「開国」したのだと、内外に印象づけたい。もちろん、「開国」が失敗した場合の非難が、幕府一点に集中するのも避けたい。あるいは、反対派を押さえつけるためにも勅許の権威があれば便利だ。

堀田は安政五年（一八五八）二月五日、京都に乗り込み、勅許を求め朝廷側と交渉を開始する。

孝明天皇は外国嫌い

孝明《こうめい》天皇は、外圧の問題に強い関心を持っていた。

天皇が践祚《せんそ》（皇位継承）したのは弘化三年（一八四六）二月だが、くしくもその年閏五月にアメリカ駐日使節ビッドルが通商を求め、浦賀沖に来航する。

すると八月二十九日、朝廷から幕府に対し、異国船に備えて海辺防御を堅固にして、天皇を安心させよとの命が届く。これは朝廷としては、異例の政治的発言だ。「禁中並公家諸法度」により、天皇の行動は「天子諸芸能のこと第一御学問なり」と規定され、二百年以上の永きにわたり、政治から切り離されてきたはずである。

ただ、突然勅が下ったのには裏事情があった。幕府が鎖国政策を緩和する傾向にあるのを不満に思った水戸藩主徳川斉昭が、関白鷹司《たかつかさ》政通《まさみち》を通じて天皇に情報を流し、危機感を煽っていたのである。斉昭の正室は皇族有栖川宮家《ありすがわのみやけ》の娘でもあり、朝廷との関係が特に深かった。

この勅は想定外とは言え、幕府は無下《むげ》に拒絶できない。それどころか朝廷・幕府間の連絡役でもあった京都所司代の酒井忠義《ただあき》（小浜藩主）はこれを機に、異国船情報については差し支えない範囲で天皇に知らせてはどうかと、老中に上申する。老中もこれを認めた。

七年後のペリー来航でも、情報は江戸より急使で京都に伝えられている。京都所司代の脇坂淡路守安宅《やすおり》（播磨龍野《はりまたつの》藩主）は、アメリカ国書の和訳を添え、朝廷に報告した。

では、幕府が天皇の政治参加を望んだのかというと、それは違う。古来日本の最高権威であり、「神」である天皇が祈禱を行ってくれれば、動揺する国民が安心すると考えたのである。あくまで天皇を、宗教的権威と考えていたのである。

ペリー来航の報を受けるや、大の外国人嫌いだった孝明天皇は、古くから朝廷と縁の深い七社七寺や全国の大社へ「四海静謐、万民安穏」の祈禱を行うよう命じた。

さらに翌嘉永七年(一八五四)三月、ペリーと日米和親条約を締結調印した際も、幕府は天皇に報じる。すると、天皇はこれを認める発言をした。薪水や食料を補給し、漂流民を保護するという条約を、天皇は人助けだと解釈しており、開国の条約とは考えなかったのである。

ここまでは順調に進んだから、幕府は日米修好通商条約への勅許も形式的なものであり、ただちに下るものと軽く考えていたようである。これがとんでもない誤算であり、誤算が引き金となって幕末の政争が激化してしまう。

京都手入れ

「条約勅許問題」は「将軍継嗣問題」と合わさって、京都に舞台を移す。

一橋派は、勅許をもらいに行くことになった老中首座堀田正睦に、次期将軍の条件として「年長・人望・英明」とするとの勅を持ち帰らせようと考える。

松平慶永はこれ以上、政治に天皇を介入させるのは危険だと察していた。しかし、一橋派は現状のままでは不利だったし、南紀派を牽制するために天皇の権威がほしい。

鹿児島にいる島津斉彬は安政四年(一八五七)十月一日、西郷隆盛を徒目付《かちめつけ》・鳥預り・庭方兼務とし、江戸詰を命じた。西郷は江戸へ赴き、斉彬の密書を越前藩邸の慶永に届け、その腹心の橋本左《さ》内《ない》らと慶喜擁立につき協議する。

慶永は左内をひそかに京都に送り込み、朝廷関係者を抱き込むための政治工作を開始した。これを「京都手入《てい》れ」という。左内が慶喜支持を説き、その陣営に引き入れたのは、内大臣の三条実万《さねつむ》や青蓮院宮《しょうれんいんのみや》 朝彦親王《あさひこしんのう》（中川宮、尹宮《いんのみや》）、それに太閤の鷹司政通などだ。

斉彬は姻戚にあたる左大臣の近衛忠熙《ただひろ》に手紙を書く。西郷は京都に赴き、篤姫の手紙を近衛に届け、慶喜擁立の内勅《ないちょく》降下《こうか》を願う。

彼ら皇族や上級公家は幕府政治に批判的で、開国にも反対していた。にもかかわらず慶喜支持にまわった理由は、慶喜が熱烈な尊王攘夷論を唱えていた水戸藩出身だったこと、慶喜の母が有栖川宮織仁《たるひと》親王王女の吉子《よしこ》（貞芳院《ていほういん》）だったことなどが挙げられる。

一方、南紀派はといえば、井伊直弼の腹心長野主膳《しゅぜん》（義言《よしとき》）を京都に送り込む。国学者《こくがくしゃ》の長野は、朝廷関係者に知り合いが多い。長野は朝廷最大の実力者で、幕府に反対の立場をとっていた関白の九条尚忠《なおただ》に接近して信頼関係を築き、ついに南紀派へと傾かせる。

京都に到着した堀田は孝明天皇に色絵鳳凰香炉、伽羅《きゃら》、黄金五十枚など、将軍家からの贈り物を届けた。

ところが、天皇は大の外国嫌い。西洋人を野蛮人と信じ、排他的な感情論で凝り固まっている。公家たちの大半も同意見だ。

このため安政五年（一八五八）二月二十三日、堀田に対し伝えられた勅は、もう一度御三家以下の諸大名の赤心《せきしん》（意見）を聞いた上で、願い出よといったものであった。これでは堀田は役目が果たせない。

このころ朝廷で実権を握っていたのは、太閤鷹司と関白九条だが、鷹司はすでに幕府側との妥協を考えている。そこで堀田は九条尚忠のほうに狙いを定め、説得と贈り物を繰り返した。

その結果、絶大な権力を持つ九条は積極的に勅許するのではなく、外交に関しては従来どおり、幕府に一任するとの勅答案を強引にまとめようとする。

ところが最終段階で、とんでもない事件が起こる。三月十二日、八十八人の公家が結束し、九条家に押しかけたのである。彼らは幕府一任反対、条約調印拒否を訴え、諫疏《かんそ》の文を突きつけて騒いだ。当時の公家の数は百三十七家だから、その半分以上が参加した大抗議運動になった。

下級公家が関白を罵るのだから、ここでも旧来の秩序が崩壊しようとしていた。恐れをなした九条尚忠は、用意していた勅答案を引っ込めてしまう。

三月二十日、御所に呼び出された堀田が受けた勅答は、条約締結は神州日本の国体を損なうものであり、御三家以下、諸大名の意見を聞いて再び申し出よといった以前とあまり変わらないものであった。

続いて二十二日、堀田に下された内勅では、将軍後継者の決定を急ぐようにとあっただけで、一橋派が望んだ「年長・人望・英明」という条件は、すべてなかった。実は左内らの奔走により、三条件を示した内勅が下されるはずだったのだが、寸前に九条尚忠の独断によって削除されたのである。九条は長野主膳から井伊の主張した血統論を聞かされ、南紀派を支持していたのである。

天皇の鎖国攘夷の決意は、確たるものとして示された。こうした形で朝幕間の対立が起こったのは、はじめてのことだ。

意外にも強硬な反発を受けてしまった堀田が、失意のうちに九条尚忠に書いた長い手紙が『孝明天皇紀』第二巻（昭和四十二年）に掲載されている。その中で堀田は、

「和親もなく戦争もなく外交を絶ち独立して昇平《しょうへい》を楽しむ国は一国もこれなし」

と、天皇の無理解を非難し、悔しさをにじませる。

これにより、南紀派寄りだった譜代大名の堀田は、朝廷内で支持者の多い慶喜が、次期将軍にふさわしいのではと考えるようになった。あるいは大老に松平慶永を就任させるよう、将軍に進言する。

井伊直弼が大老に

堀田正睦が江戸に帰り三日後の安政五年（一八五八）四月二十三日朝、将軍徳川家定は井伊直弼を大老《たいろう》職に任じた。

大老は老中の上に立ち、幕政全般を統轄する最高職だが、常置ではない臨時職だ。江戸時代を通じても、十三人しかいない。

井伊は十一代彦根藩主井伊直中《なおなか》の十四男として生まれた。本来ならば、彦根藩主の座に就く可能性も乏しい身である。十七歳で父が没すると、直弼は彦根城三の丸堀端の小さな屋敷に入り、ここを埋木舎《うもれぎのや》と名づけた。三百俵の捨て扶持《ふち》を与えられ、部屋住みとしての生涯を送る覚悟を決める。

ところが嘉永三年（一八五〇）九月、兄で十二代藩主だった直亮《なおあき》が亡くなると、直弼に十三代藩主

の地位が転がり込み、「掃部守《かもんのかみ》」と称することになる。

　譜代大名中でも最高の家格を誇る彦根井伊家は、幕政を担当する溜間詰《たまりのまづめ》の筆頭でもあった。そして、時代に推されるかのように、大老職に就いたのである。

　大老となった井伊は、すべての案件を解決していく。まず、条約の締結調印につき、井伊は賛成の立場だったが、勅許が必要だとも考えている。井伊は部屋住み時代から国学を修めていた熱心な勤王《きんのう》家であり、孝明天皇からも信頼されていた。だからこそ勅許が出るまで、調印延期を考える。

　安政四年（一八五七）十二月と翌安政五年（一八五八）十二月、幕府は諸大名から意見を募った。この時、長州藩は行相府《ぎょうしょうふ》（藩主と行動をともにする政府）と国相府《こくしょうふ》（藩地の政府）が相談のすえ調印反対の意見を出す。特に周布《すふ》政之助《まさのすけ》ら国相府は、危機をきっかけに強兵を達成させようと考えた。ただ、幕府は調印論で意見を揃えたかった。だから反対する水戸・尾張藩には修正を求めた。しかし、長州藩に対しては、そうした働きかけを行っていない。幕府はまだ長州藩を「無害」と見ていたのであろう（高橋秀直『幕末維新の政治と天皇』平成十九年）。

　ハリスは、そのころ中国で起こったアロー号事件（第二次アヘン戦争、一八五六～一八六〇年）の情報を巧みに利用し、交渉役の井上、岩瀬に調印を催促した。もし、イギリスやフランスの大軍が日本に攻めてきても、条約を結んでいればアメリカ合衆国が調停できるというのである。

　井伊は調印を覚悟したものの、引き延ばしを前提に交渉するよう井上と岩瀬に命じた。しかし、やむをえぬ場合は調印してもよいといった言質《げんち》を与えてしまう。もとより朝廷の無理解に批判的で、井伊との意思疎通も不充分だった井上と岩瀬は、六月十九日、神奈川沖のポーハタン号にハリスを訪ね、さっさと調印を済ませる。

次に将軍継嗣問題。これについては五月一日に将軍家定が井伊らを呼び、紀州の慶福を次期将軍にと指名したという。こうして六月二十五日、井伊は御三家、御三卿以下の諸大名に総登城を命じ、慶福が世子に決定したと公表した。

脚気《かっけ》を病んでいた将軍家定が、三十五歳の若さで没したのは七月六日夕方のことだ。慶福は「家《いえ》茂《もち》」と名を改め、十月には十四代将軍となる。

島津斉彬の死

薩摩藩主島津斉彬は、参勤が明けた安政四年（一八五七）五月、鹿児島に帰り集成館事業の総仕上げにかかっていた。

同年六月七日、松平慶永からの密書を預かった西郷隆盛が江戸から鹿児島に帰ってきて、斉彬に一橋派の形勢が非であると知らせる。斉彬は局面打開のため、朝廷保護を名目に精兵三千を率いて上京する考えを明かす。ところが将軍家定が江戸で他界してから二日後の七月八日、斉彬は突如病の床についてしまう。

その日、炎天下の調練場で、斉彬は城下士《じょうかし》の軍事演習を検閲した。それから鹿児島湾に望む天保山砲台で大砲の試射を視察し、鶴丸城に帰るが、体調不良を訴える。翌九日夜より悪寒、下痢がひどくなり、十日よりは高熱を発し、十一日から激しい下痢が続く。

そして十六日早朝、他界してしまう。享年五十二。藩医はコレラと診たが、後年診断書を検討した医師は赤痢と診断している。

斉彬は自らの死期が近づいたと察し、十五日夜中、側近などを病床に呼び寄せて遺言を伝えた。長男の哲丸が幼いので、異母弟の久光か、久光の長男忠徳《ただのり》を後継者にすること、前藩主で江戸で隠居する斉興（斉彬・久光兄弟の父）に相談して決めるよう述べたという。

久光は藩主島津斉興の五男として、文化十四年（一八一七）、鹿児島に生まれた。はじめは一門の島津家の重富《しげとみ》島津家（一万四千石）の婿養子となり、天保十年（一八三九）に同家を継ぐ。しかし、「お由羅《ゆら》騒動（「高崎崩れ」などとも）」と呼ばれる御家騒動で、久光の意思ではなかったにせよ一方の当事者になってしまい、嘉永二年（一八四九）暮れから翌三年夏にかけて切腹十三人、遠《おん》島《とう》十七人という犠牲者を出すに至る。

さらにもう一方の当事者である異母兄の斉彬が嘉永四年（一八五一）二月、阿部正弘らの奔走もあって藩主になったので、藩内における久光の立場は複雑なものになってしまう。藩政の中枢から去り、暗愚の公子などと呼ばれ、評判は芳しいものではなかった。

だから久光は、斉彬や重臣らの前で藩主の座を辞退する意思を表明したのではないかとされる。御家騒動の記憶は、まだ人々の中に鮮明であり、争いを避けるためにも賢明な判断であった（佐々木克『幕末政治と薩摩藩』平成十六年）。

こうして斉彬の跡を継ぎ薩摩藩主となった忠徳は天保十一年（一八四〇）生まれで、当年十九歳。安政五年（一八五八）二月七日には江戸で将軍徳川家茂にお目見えし、一字もらって「茂久《もちひさ》」と改名した（明治元年〈一八六八〉一月十六日、「忠義《ただよし》」と改名）。

藩主となった茂久が鹿児島の鶴丸城に入ったのは同年五月十九日だったが、実父の久光はそれより先の三月十五日、「藩主後見人」という地位に就いた。それまで久光は、家臣扱いだったのである。久光は、息子で藩主の茂久と城中で二人きりで会うことも許される。久光が藩政を支える体制が、本格的に整えられていく。

この年の九月十二日、先々代の斉興が六十九歳で没した。これを機に久光はまず、斉興時代の門閥の老臣たちを藩政から退ける。その上で大胆な改革人事を行い、久光の新たな側近派が誕生していく。そこに選ばれた小松帯刀《たてわき》が、やがて大久保利通《としみち》や西郷隆盛らとともに「明治維新」への大きな流れをつくっていくことになる。

条約締結調印に天皇怒る

話を安政五年（一八五八）六月に戻す。日米修好通商条約に締結調印したことによって、日本の扉は「全開」になった。

条約は十四条からなる。両国首都開港場に外交代表・領事を駐在させ国内旅行を許可する、日本とヨーロッパ諸国との間に揉め事が起こった際はアメリカ大統領が和親の調停を行う、下田、箱館のほか神奈川、長崎、新潟、兵庫を開港する、江戸、大坂を開市する、開港場に居留地を設ける、両国民が自由貿易を行う、などが定められた。

関税自主権を否定したこと、治外法権を規定したという問題があり、不平等条約としての一面が明治以降、批判されるようになった。もっとも、アヘン（阿片）輸入を厳禁としたことなどは、評価されてもよいであろう。

調印から四日後の安政五年（一八五八）六月二十三日、御三卿の一橋慶喜と田安慶頼《たやすよしより》は江戸城に登り、大老井伊に「違勅」の罪がいかに重大であるかを述べる。翌二十四日には徳川斉昭が尾張藩主徳川慶恕と自分の長男である水戸藩主徳川慶篤《よしあつ》とともに江戸城に押しかけ、井伊を難詰した。

斉昭が押しかけた日は、御三家の登城日ではない。井伊はこれに口実を得て、七月五日、斉昭に急度慎《きっとつつしみ》、慶恕と松平慶永に隠居慎、慶篤と一橋慶喜に登城停止を命じる。

さらに井伊は一橋派と見られていた大目付土岐頼旨《ときよりむね》や勘定奉行川路聖謨《かわじとしあきら》を左遷し、六月二十三日には一橋派に傾きかけた堀田正睦を罷免し、後任の老中首座に間部詮勝《まなべあきかつ》（越前鯖江《さばえ》藩主）を起用した。反対派を一掃した井伊は、独裁の道を走りはじめる。

条約締結の知らせは六月二十二日、宿継飛脚《しゅくつぎびきゃく》により京都に届けられた。孝明天皇は憤慨のあまり、有栖川宮へ譲位を口にしたので、あわてた朝廷側は幕府に対し、御三家か大老かが至急上京して説明するよう命じる。

しかし、天皇は井伊が開国路線をさらに進むつもりと知り、譲位の考えを引っ込め、その前に立ちはだかろうとした。

天皇は歯止めをかけるため「勅諚《ちょくじょう》」をつくるが、これがいわゆる「戊午《ぼご》の密勅《みっちょく》」である。この勅諚は八月八日、まず水戸藩に、次に十日、幕府に下された。

勅諚は条約に締結調印したことを「勅答の御次第に相背きたる、軽率の取り計らい」と痛烈に非難する。また、斉昭らへの処分は納得し難いとし、三家、三卿、家門、列藩を集めて、「一同群議評定」（合議制）による幕政を実現せよと求める。

ついに天皇が、幕政に具体的に介入してきたのである。

「安政の大獄」

では、この勅諚を振りかざして江戸城に乗り込み、大老井伊を蹴散らして幕政改革を断行するような勢いのある大名がいたのだろうか。

水戸藩京都留守居役の鵜飼吉左衛門《うがいきちざえもん》に託された勅諚は、その息子幸吉によって江戸の水戸藩主のもとに届けられた。これには別紙がついており、水戸藩から勅諚を諸大名へ伝達するよう命じていた。あわてた幕府は、水戸藩に圧力をかけ、これを封じ込める。

しかし勅諚が、御三家とはいえ一大名に直接下るだけでも前代未聞と言うべきであろう。幕府の面目は丸つぶれとなり、井伊もさぞ驚いたはずだ。

さらに孝明天皇は、薩摩、長州、尾張、越前などの有力藩にも勅諚の写しを届ける。しかし、さすがに立ち上がる藩はなかった。長州藩などは周布正之助を京都に派遣し、鷹司輔熙《すけひろ》ら朝廷関係者に、鎖国的な攘夷は不可能だと説いたくらいだ。

井伊の腹心長野主膳は、八月はじめから京都に滞在していた。密勅降下は、窮した一橋派が天皇に働きかけた結果であると、長野は推測する。そこで長野は主君である井伊に、関係者を徹底して弾圧する必要があると進言した。

こうして、「戊午の密勅」に対する井伊側の反撃、いわゆる「安政の大獄」が起こったのである。朝廷から御三家か大老を至急上京させろと命じられた幕府は、謹慎中とか忙しいとか理由をつけ、老中間部詮勝を送ると返答する。

間部が京都入りしたのは安政五年（一八五八）九月十七日のことだ。命が出てから五十日も経っていた。

十月二十四日に参内《さんだい》した間部は、条約調印がやむをえない事情を、関白九条らを通じて孝明天皇に釈明する。だが天皇は納得しない。

それでも間部は三度も参内し、十二月三十日、ようやく勅を手に入れる。ところがこの勅は、条約締結に対して天皇の疑念は「氷解」したと理解を示しながら、「前々御国法鎖国の良法」に引き戻すようにとあった。氷解は勅許と解釈できるが、鎖国などいまさら不可能である。とても公表できない、幕府にとって役立つ勅ではなかった。

間部は朝廷との交渉を進める一方、井伊政権に反対する者たちへの弾圧に着手する。

すでに十月三日、京都に着任した京都所司代の酒井忠義《ただあき》は、長野の進言で同月七日、鎖国攘夷を朝廷に入説していた小浜出身の浪人学者、梅田雲浜《うんぴん》を捕縛していた。これが「安政の大獄」の処罰者第一号だ。のち、江戸に送られた梅田は翌安政六年（一八五九）九月十四日、四十五歳で獄死する。

次いで、勅諚《そうじ》に関係した水戸藩士鵜飼父子、鷹司家諸大夫《たかつかさけしょだいぶ》小林良典《よしすけ》、処士（浪士）頼三樹三郎《らいみきさぶろう》、薩摩藩士日下部伊三次《くさかべいそうじ》、西園寺家《さいおんじけ》諸大夫藤井尚弼《なおすけ》などが京都で捕えられた。

江戸でも三条家士飯泉喜内《いいいずみきない》、越前藩士橋本左内や儒者藤森弘庵《こうあん》などが、地方では長州の吉田松陰などが捕えられた。

一橋派に与《くみ》した左大臣近衛忠熙《ただひろ》、右大臣鷹司輔熙、前内大臣三条実万、前関白鷹司政通ら有力公卿は辞官、落飾《らくしょく》（剃髪出家《ていはつしゅっけ》の意）、謹慎などに処され、青蓮院宮《しょうれんいんのみや》尊融入道親王《そんゆうにゅうどうしんのう》も謹慎に処される。これらは政治的発言力を強めつつあった朝廷に対する見せしめの意味があったのであろう。

また、徳川斉昭は水戸に永蟄居《えいちっきょ》、一橋慶喜、徳川慶勝は隠居慎に処され、松平慶永、山内容堂、伊達宗城らには慎隠居が命じられた。「安政の大獄」の処罰者は最終的に百人を超えるとされる。

京都で捕えられ江戸へ送られる「志士」（『三条実美公履歴』）

間部は安政六年（一八五九）三月、江戸へ引き上げたが、その後、水戸藩などへの寛大な処分を説いたため、井伊との間に対立の溝を深めた。

井伊も間部が持ち帰った勅が気に入らず、京都での仕事を評価しない。このため同年十二月二十四日、間部は老中を罷免されてしまう。

西郷、月照を伴い入水

斉彬の死を知った西郷隆盛は一時、殉死を考えたが思いとどまった。一橋派の「京都手入れ」に協力してくれた清水寺成就院の僧月照《げっしょう》に諌められたからという。西郷は斉彬の遺志であった兵を率いて上京し、朝廷を保護する計画（義挙）を実現せねばとも考える。

ところが「安政の大獄」がはじまるや、月照が幕府から追われる身となった。そこで西郷は月照を同藩の有村俊斎《しゅんさい》（海江田信義《かいえだのぶよし》）らと協力して京都から脱出させ、安政五年（一八五八）九月四日、大坂から海路西に向かう。十月一日には長州下関に到着。西郷は薩摩に月照を潜伏させる準備のために先発し、十月十五日、帰国した。

続いて月照は福岡などを経て筑前浪士の平野国臣《くにおみ》を伴い十一月八日、鹿児島に入る。西郷は月照を旧知の日高存竜院《ひだかぞんりゅういん》という修験者《しゅげんじゃ》に預けて周旋したが、存竜院は後難を恐れて、これを藩庁に届け出てしまう。すでに幕府の捕吏《ほり》は、肥後国の水俣《みなまた》駅まで迫っており、福岡藩の捕吏を放ち、月照を捕えようとしていた。

薩摩藩の重臣新納駿河《にいろするが》は前々藩主の島津斉興に上申し、月照を藩の東方の関門である日向の法華寺岳にいったん潜伏させようとする。ところが西郷はこれを「長送り」だと勘違いした。薩摩藩では西方の関門より送る遠客は、穏やかに関外に送り帰した。しかし、東方の関門より送る場合は長送りと呼ばれ、延岡藩領との境でこれを殺害することになっていたのである（岩崎英重『桜田義挙録中編』明治四十四年）。

帰国した西郷は斉彬の死により、薩摩藩の雰囲気が保守的で、慎重なものに一変しているように思え、失望していた。このままでは期待していた率兵上京の計画が困難であると知り、打ちのめされていた。

月照は西郷に次の辞世を示す。

「曇りなき心の月の薩摩潟　沖の波間にやがて入りぬる」
「大君《おおぎみ》の為には何か惜《おし》からん　薩摩の瀬戸に身は沈むとも」

こうして十一月十六日夜、西郷は月照とともに錦江湾《きんこう》に舟を浮かべ、磯の沖に至り入水自殺をはかる。月照は溺死したが、西郷のみ蘇生した。福岡藩の捕吏は平野国臣を見逃して、月照の忠僕である大槻重助《じゅうすけ》のみ捕えた。

薩摩藩では月照とともに西郷も溺死したことにして、三十日、西郷隆盛を「菊池源吾」と名を変えて奄美大島に流すこと（島預け）を決める。同志の中には西郷に肥後方面に脱走して時機を待つよう説く者もいたが、西郷は自分は敗者であると藩の方針に従うことに決めた。

十二月下旬、鹿児島を発った西郷は山川港で二週間ばかり潮待ちをしたが、その間、大久保利通（一蔵《いちぞう》）からの十二月二十九日付の手紙が届く。大久保は西郷より三つ年少の天保元年（一八三〇）生まれ。同じ鹿児島城下の下加治屋町の郷中

入水自殺した月照の墓（鹿児島市南洲寺）

で育った竹馬の友である。十八歳で藩の記録所書役助として出仕したが、嘉永三年（一八五〇）、父が「高崎崩れ」に連座したため一時、職を免ぜられていた。

大久保の手紙には、このたびの西郷の島預けに、盟約中の者たちが非常に失望しているとあった。この盟約こそが、のちの誠忠組の母体であるとされる（佐々木克『幕末政治と薩摩藩』平成十六年）。このころ大久保らが中心となり、江戸などの同志も糾合《きゅうごう》して盟約に加わった者たちの名簿がある。構成員名は次のとおり。

- 大島渡海……菊池源吾（西郷隆盛）
- 在藩……堀仲左衛門（伊地知貞馨）、岩下佐次右衛門（方平）、大久保正助（俊道）、有馬新七、吉井仁右衛門（友実）、奈良原喜左衛門、伊地知竜右衛門（正治）、鈴木勇右衛門、税所喜左衛門（篤）、樺山三円、中原橘助、山口金之助、本田弥右衛門（親雄）、高橋新八、森山棠園、森山新五左衛門、江夏仲右衛門、奈良原喜八郎（茂）、野津七左衛門、永山万斎、道島五郎兵衛、大山彦助、坂本喜右衛門、大山角右衛門、野本林八、山之内一郎、有村如水（国彦）、野津七郎（道貫）、高橋清右衛門、鈴木源五右衛門、中原喜十郎、西郷竜雪（従道《つぐみち》）、鈴木昌之助
- 江戸……有村雄助、有村次左衛門、山口三斎、田中勅之進（謙助）、高崎猪太郎（五六）、益山東碩
- 旅行……仁礼源之丞（景範）、平山新雪、鵜木孫兵衛、赤塚源六、西郷吉次郎
- 伊集院……坂本六郎、坂本藤十郎
- 京都詰……徳田嘉兵衛

吉田松陰、処刑される

「安政の大獄」の際、大老井伊から目の仇にされたのは、なんといっても水戸藩であった。井伊は日頃から、幕府の不利益になるような情報を朝廷に流す、徳川斉昭の言動に対しても強い不信感を抱いていた。

安政六年（一八五九）八月二十七日の第一次断罪では、水戸藩の執政安島帯刀《あじまたてわき》が切腹、小姓頭《こしょうがしら》茅根《ちのね》伊予之助《いよのすけ》と鵜飼吉左衛門が死罪、その息子の幸吉が獄門に処された。十月二日の第二次では橋本左内、頼三樹三郎《らいみきさぶろう》、飯泉喜内《いいいずみきない》が死罪に処される。

しかし、学校の歴史教科書などでは「安政の大獄」といえば、長州の「吉田松陰」の名がまず出てくる。確かにこの後の第三次で、松陰は死罪に処された。ただし勅許反対とか、慶喜擁立とか、密勅降下といった問題に松陰は直接関係していない。長州藩主の毛利慶親も有志大名ではなく、この時期国政に介入していない。

にもかかわらず、なぜ松陰だけが「安政の大獄」の「犠牲者」の中でも、突出した存在として名を残すことになったのだろうか。

アメリカ密航に失敗した松陰は故郷の萩に送り返され、投獄生活を経て親元の杉家で謹慎生活のまま松下村塾を主宰する。

松陰は誰もが認める尊王攘夷論者である。彼の場合、攘夷のほうは西洋文明を導入し、富国強兵を進め、外圧を除くといった現実的な考え方だが、かたや尊王に関しては、

「天下は一人の天下なり（日本はすべて天皇のもの）」

と断言し、絶対に譲らないほどの熱心な天皇崇拝者だ。それは皇室に対する信仰であり、だからこそ勅許なしの条約調印に踏み切った幕府に対する怒りは凄まじかった。安政五年（一八五八）七月十三日、藩に出した「大義を議す」と題した意見書ではまず、

「墨夷（アメリカ）の謀《はかりごと》は神州《しんしゅう》（日本）の患《うれい》たること必せり。墨使（ハリス）の辞（言葉）は神州の辱《はじ》たること決せり」

と、アメリカに対する敵意をむき出しにする。そして天皇がアメリカを拒絶する方針を立てたにもかかわらず、勅に従わない幕府に対する怒りをぶちまけた。

「征夷（将軍）は天下の賊なり。今を措きて討たざれば、天下後世、これ吾れを何と謂《い》わん」

とまで述べる。いま、将軍を討たねば、後世の者から自分たちが非難されるというのである。また、「勅を奉ずるは道なり、逆を討つは義なり」とも述べる。このままでは、三千年続いた日本の独立が侵されてしまうと、同志の決起を促した。

吉田松陰が主宰した松下村塾（山口県萩市椿東）

やがて尾張・水戸・越前・薩摩藩の有志が連合し、大老井伊暗殺を企てているとの噂が松陰の耳に入ってくる。それは事実ではなかったのだが、真に受けた松陰は対抗意識を燃やし、門下生たち

と老中間部の暗殺を企んだ。十一月六日には藩重役の周布政之助に手紙で計画を知らせ、「御当家勤王の魁《さきがけ》仕《つかまつ》り、天下の諸藩に後れず、江家《ごうけ》（大江を先祖にもつ毛利家）の義名末代に輝かし候様仕りたく存じ奉《たてまつ》り候」

と述べる。あるいは同日、やはり重役の前田孫右衛門にも手紙を書き、クーポール砲三門など武器弾薬を貸してほしいと堂々と願い出た。

毛利家は他藩を押しのけてでも「勤王の魁《さきがけ》」になるべきであり、そのために自分が率先して働くと言い出したのである。さすがに危険視した長州藩は、その年暮、松陰を再び野山獄に投じる。

翌安政六年（一八五九）四月、「安政の大獄」を進める幕府は、松陰を江戸に送るよう長州藩に命じた。松陰も間部暗殺計画が発覚したと思い、覚悟を決めて江戸に護送されていく。

ところが、松陰にかけられていた嫌疑は、次の二点であった。ひとつは萩を訪ねてきた梅田雲浜と、なにやら謀議したのではと疑われたこと。いまひとつは御所内で見つかった、幕府を非難した落とし文が、松陰の仕業ではないかと疑われたこと。いずれも松陰には覚えのないことで、嫌疑はすぐに晴れてしまう。

拍子抜けした松陰は孟子の説に則り、「至誠」をもって幕府側の心を動かそうと、自ら間部暗殺をうかがわせるような発言をする。これを、奉行たちが見逃すはずがない。結局とんでもない危険人物とみなされて伝馬町獄に投ぜられ、十月二十七日、処刑されたのである。享年三十。門下生たちへの遺書「留魂録《りゅうこんろく》」の巻頭に書かれた辞世、

「身はたとい武蔵の野辺に朽ちぬとも　留《とど》め置かまし大和魂」

は、あまりにも有名である。肉体は滅んでも、志はこの世に残すという死生観だ。

松陰の名が、安政の大獄の犠牲者として有名になったのは、彼が松下村塾で教えた門下生たち（たとえば伊藤博文《ひろぶみ》、山県有朋《やまがたありとも》など）が、明治になり政治家や軍人として栄達を遂げたことと無関係ではないだろう。門下生たちにすれば、「明治維新」は松陰が遺した「大和魂」の実現であった。

水戸藩の内部分裂

大老井伊が死守したかったのは、これまでどおりの自分たち譜代大名を中心とした国政だ。そこには徳川の親藩や外様大名、天皇すら参加させたくはなかった。

「安政の大獄」に対する水戸側のさらなる反撃が、有名な「桜田門外の変」だ。

水戸藩へ下った勅諚は一応、その効力を封じ込められてしまったが、禍根を残すものとして問題になってくる。すでに井伊は安政六年（一八五九）二月六日、水戸藩と幕府に下った勅諚を返納せよとの勅諚を、朝廷から引き出すことに成功していた。しかし、これは井伊の意に添うものではなかったので、さらに十一月、長野主膳を京都に派遣して、修正したものを出させる。井伊政権に反発していた朝廷関係者は一掃されているから、関白九条の思うままに事は進んだ。

水戸藩は天皇の後ろ盾を失い、梯子《はしご》をはずされた形となった。このままでは、水戸藩の士気は失われてしまう。水戸で隠居させられていた前藩主斉昭の指示により、九月末、勅諚はひそかに江戸から水戸に運ばれ、城内の祖廟に納められる。

大獄の処分が一段落ついた十二月十五日、井伊は登城してきた水戸藩主徳川慶篤に、勅命が下ったので三日以内に勅諚を返納するよう厳しく命じた。

翌十六日には、井伊の意を受けた若年寄安藤信睦《のぶゆき》（信行、信正）が小石川の水戸藩邸を訪れ、慶篤に勅諚を返納するよう催促し、もし拒否すれば違勅の罪になると威嚇する。一転して、「違勅」が井伊側の大義名分になったのである。要は、天皇の権威の奪い合いなのである。

勅諚返納につき、水戸藩では城中で大評定が開かれた。すでに激派（急進派）は一線から退けられ、首脳部は鎮派（穏健派）が占めるようになっている。だから、返納はやむなしとの意見でまとまってしまう。ただし幕府へではなく、それを下した朝廷へ、直接返納すべきだということになった。

ところが水戸藩の下級武士を中心とする激派数百人は、上層部の決定に納得しない。江戸へ向かう途中の長岡（現在の茨城県茨城町）に屯集し、実力に訴えてでも勅諚返納を阻止しようと気炎を上げた。内部分裂のすえ、睨み合いを続けたまま年が改まり、万延元年（一八六〇）となる（改元は三月十八日）。

幕府からの督促は、さらに厳しくなった。これ以上遅れるのなら、違勅の罪は斉昭におよび、水戸藩は滅亡するだろうとまで脅してきた。

水戸藩首脳部は、長岡の激派を断固鎮圧する決意を固めた。ところが激派の首領格である高橋多一郎、関鉄之介をはじめ住谷《すみや》寅之介、矢野長九郎《ちょうくろう》らは危機を察して脱走した。

浪士となった彼らは江戸に向かい、かねて薩摩藩の同志たちと示し合わせていた計画を実行に移すことにする。

それは、大老井伊を殺し、横浜の外国人商館を焼き、薩摩藩兵三千の上京を待って、東西呼応し一挙に幕府改造を断行しようという、過激な計画であった。

薩摩藩の脱落

早くから大老井伊の暗殺を唱え、即時決行を求めていたのは薩摩藩の有志のほうであった。薩摩藩の激しい勢いに、慎重な水戸藩側が巻き込まれていくような格好となった。突出（脱藩）して、過激な活動に加わろうとする者もいた。

ところが安政六年（一八五九）十一月五日、薩摩藩では「誠忠士面々（誠忠組）」への藩主島津茂久の告諭が出る。それは「万一事変到来の節は、第一順聖院様（斉彬）御深意を貫き」、天朝を保護、「国家の柱石」を建てるつもりだから、自分を支え助けてほしいと自重を促したものであった。

誠忠組の首領格である大久保利通《としみち》は感激した。そして同志と署名血判し、請書を差し出す。こうして多くの者が計画から脱落してしまう。

それでも、江戸に残っていた有村雄助《ゆうすけ》とその弟の次左衛門《じざえもん》が薩摩藩を代表して、水戸藩とともに計画を進めることになった。「国許の事情がよくわからない点もあって、最終的には、兄弟二人で参

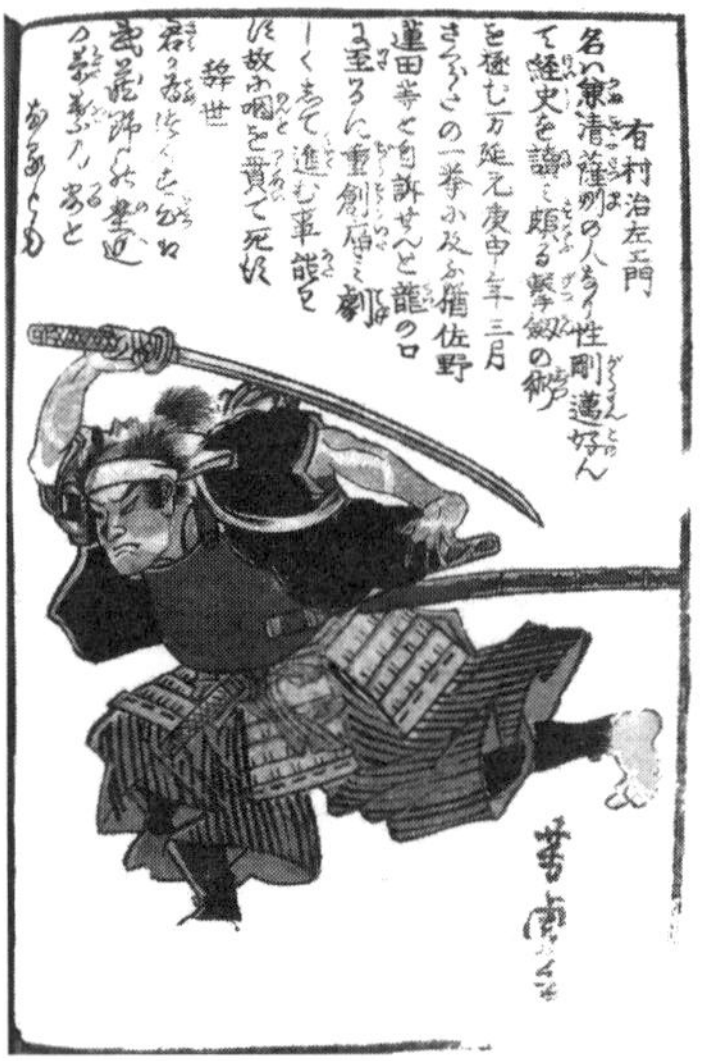

井伊大老の首級を取った有村次左衛門（『近世義人録』）

画し、大きな働きをして、あわせて水戸藩への義理も果たそうと堅く決意していた」（東郷尚武『海江田信義の幕末維新』平成十一年）という。

長岡を脱した水戸浪士たちは万延元年（一八六〇）三月一日、江戸日本橋の貸席に集まり、来たる三日、江戸城桜田門外での井伊要撃《ようげき》を決めた。

決行前夜、浪士たちは品川の酒楼・土蔵相模《どぞうさがみ》で宴を張ったが、「いずれも満腔（体中）の忠憤《ちゅうふん》一身《いっしん》を鴻毛《こうもう》（羽根のように軽い）より軽《かろ》じ、明日《みょうにち》に覚悟したることであれば、痛飲淋漓《つういんりんり》（大いに酒を飲み、勢いあふれる様子）、壮快を呼ぶ」（岩崎英重『桜田義挙録　中編』明治四十四年）といった調子で、朝まで飲み続けたようだ。

三月三日朝、夜半より降り出した霰《あられ》交じりの雪は、本物の雪となって地上は真っ白だったという。のちに「桜田烈士」とか「桜田義士」と呼ばれる十八人の浪士は愛宕山に集まり、支度を整えて、一路桜田門外を目指す。その名は次のとおり。

関鉄之介、森五六郎《ごろくろう》、山口辰之介、佐野竹之介、大関和七郎《おおぜきわしちろう》、広岡子之次郎《ねのじろう》、稲田重蔵《じゅうぞう》、森山繁之介、海後磋磯之介《かいごさきのすけ》、黒沢忠三郎、杉山弥一郎、斎藤監物《けんもつ》、鯉淵要人《こいぶちかなめ》、広木松之介、蓮田市五郎《はすだいちごろう》、岡部三十郎《さんじゅうろう》、増子金八《ましこきんぱち》。以上は水戸浪士だが、たった一人、薩摩から有村次左衛門が加わっていた。

午前九時ころ。彼らは上巳《じょうし》の節句の賀詞《がし》を述べるために登城する大老井伊の駕籠《かご》をめがけ、左右からいっせいに斬り込む。井伊の家臣たちはみな雨合羽《あまがっぱ》を着用し、刀は雪水の浸透を防ぐため柄袋をつけていた。このため即座には応戦できない。刀を抜けないまま浪士たちに斬られ、死傷者が続出する。浪士たちは駕籠の中に何度か刀を突き刺し、手ごたえがあったとみるや戸を開けて井伊を引き出し、首級《しゅきゅう》をあげた。勝負はたった三分でついたという。

井伊の首級をとったのは有村だったが、井伊の家臣に背後から斬りつけられ、重傷にたえかねて遠藤但馬守屋敷の辻番所まできたところで自決する。出てきた遠藤家の家臣が「いずれの御家中」かと問うと、「島津修理大夫《しゅりのだいぶ》元家来…」と小声でつぶやき息絶えたという。他に負傷し、自決したのが山口、鯉淵、広岡。現場で闘死したのが稲田。龍野藩邸に自首したのが黒沢、佐野、斎藤、蓮田。肥後藩邸に自首したのが森、大関、森山、杉山。彼らは大名屋敷で没するか、のちに伝馬町獄で処刑されている。

関、岡部、広木、増子、海後は現場から姿を消した。しかし、岡部や関は後日捕えられ、伝馬町獄で処刑。広木は同志の三周忌に鎌倉で自決。生きて明治の世を見たのは、増子と海後の二人であった。

計画はすべて頓挫

白昼堂々、人々が見守るなかで、大老が暗殺されるなど前代未聞の不祥事だ。幕府の権威は失墜し、何かが大きく変わるのではといった期待感が社会の中で生まれる。

江戸で剣術修行中の長州藩士桂小五郎（木戸孝允）は、興奮覚めやらぬまま故郷の同志に手紙を書く。井伊の死を機に全国のすぐれた大名を抜擢し、合議制の政治に改め、「旧弊を一洗《いっせん》仕《つかまつ》り、大道《だいどう》を明らかに」するべきだと述べた。のちの討幕運動の指導者も、このころは幕府を倒すのではなく、改造するのだと考えている。

西洋列強の新聞は「このテロは新たな政権抗争のはじまりなのだろうか」とか、「この国は不安定な政治状況にあり、政治家の指導力は弱まっている」などと報じ、事件に注目した。

しかし、井伊暗殺は計画の序幕にすぎない。続いて京都で勅諚をもらい、それを楯にして、今度こそ幕府改造を断行しなければならないのである。

次の展開を担当した一人が、水戸の高橋多一郎である。事件後、高橋は大坂に急行し、同志とともに行動を起こそうとした。

ところが、頼りにした薩摩藩の同志が動かない。藩主の諭告と水戸藩への義理との狭間で同志たちが揺れているのは知っていた。しかし、彼らは、諭告の中の時機が到来すれば薩摩藩を挙げて立つとの部分に期待をかけていたのだが、それははずれた。

町奉行の捕吏に追い詰められた高橋は、息子の庄左衛門とともに四天王寺に逃げ込み、自決する。高橋の同志たちの多くも捕えられ、処刑された。

あるいは水戸浪士の首領格だった金子孫二郎は事件後、薩摩藩の有村雄助と西国に走ったが、伊勢四日市で薩摩藩の捕吏に捕えられる。金子は伏見奉行所に引き渡され、のち江戸で処刑。有村雄助は薩摩に送還され、切腹を命じられた。有村雄助・次左衛門兄弟の母蓮子（連寿尼《れんじゅに》）は親類預けとなったが、

「雄々《おお》しくも君に仕うるもののふの　母てふものはあわれなりけり」

と、その胸中を歌に託す。こうして、すべての計画は頓挫したのであった。

そして水戸藩も以後、藩内抗争を繰り返し、ついには元治元年（一八六四）の天狗党の筑波山挙兵、

敦賀における大量処刑などを経て、自ら人材を葬り去り、政局の中心から去っていく。水戸から広まった「尊王攘夷」という思想は、やがて幕府を否定する大義名分となり、薩摩藩や長州藩に受け継がれた。

第三章

長州の暴走

天皇と長州藩の関係

「幕末」のはじまりをペリー初来日の嘉永六年（一八五三）、終わりを「明治」と改元された時とすれば、その間は十五年ほどしかない。「桜田門外の変」が万延元年（一八六〇）の出来事だから、すでに「幕末」は半分近く経過している。にもかかわらず薩長のうちの長州藩のほうは、まだ歴史の表舞台には大々的に姿を現さない。藩論もまだ、はっきりとは定まっていない。

長州藩主毛利慶親は有志大名ではないから、幕府内部の改革にも将軍継嗣問題にも直接関与しなかったし、「安政の大獄」に連座することもない。

しかし、安政五年（一八五八）、勅許なしで日米修好通商条約が締結調印されたのを機に、長州藩内にも、これは看過できないといった空気が生まれてくる。いざ、天皇の問題になると、黙っていられないのである。はからずも、幕府は天皇を政治に巻き込んだことにより、長州藩という厄介なお荷物まで背負い込んでしまったことになる。

長州藩は、先に見たように、幕府の諮問に対して調印反対の意見を示した後の安政五年（一八五八）五月、「藩是三大綱《はんぜさんだいこう》」を定めた。「天朝への忠節、幕府への信義、洞春公《とうしゅんこう》（毛利元就《もとなり》）以来の忠志を継いで孝道も大切」とした。一が朝廷（天皇）、二が幕府（将軍）といった優先順位である。

ここまで天皇を大切に考えたのは、毛利家が皇族の流れをくむ家だと伝えられていたからだ。

平安時代のはじめ、平城《へいぜい》天皇の皇子に阿保《あぼ》親王がいる。親王は薬子《くすこ》の乱に連座して太宰府に流されたり、承和《じょうわ》の乱の密告者になるなど波乱に満ちた生涯を送った。

親王の御落胤《ごらくいん》が、宮中に学者として仕えた大江音人《おおえのおとんど》だ。音人の末裔大江広元《ひろもと》が鎌倉幕府に仕えて武家になり、さらに広元の四男季光《すえみつ》が「毛利」と称した。季光の領地のひとつが、相模国の毛利荘（現在の神奈川県厚木市）だったことにちなむ。「毛利季光」が毛利家の初代である。

毛利家はその後、安芸国高田郡の郡山城主となり、中国山脈の奥深くで守護大名として生き延びたが、戦国の風雲に乗じて毛利元就が勢力を中国地方全域に拡大した。しかし、孫の輝元《てるもと》が関ケ原合戦で徳川家康に敗れ、周防・長門（防長二州）に封じ込められたことは以前見たとおりである。

江戸時代、幕府は諸大名が天皇に接近することを禁じた。大名に天皇の権威を利用され、反乱を起こされては困るからだ。

にもかかわらず長州藩は、京都に藩邸を持っていた。あるいは勧修寺《かじゅうじ》（門跡寺院）宮家を通じて皇室と接触できる、異例の大名でもあった。現在の兵庫県芦屋市にある阿保親王の御陵（親王塚）を元禄四年（一六九一）に修復したり、石灯籠を寄進したりと先祖顕彰を続け、皇室とのつながりを常に藩内外に訴えた。それらが幕府に認められていたのは、言うなれば「親戚づきあい」だからである。

吉田松陰が藩の大学者山県大華《やまがたたいか》と論争し、幕府を「覇」と

毛利家の先祖、阿保親王が眠る親王塚（兵庫県芦屋市翠ケ丘町）

して非難して、「天下は一人の天下なり（日本はすべて天皇のもの）」と断言したり、高杉晋作が菅原《すがわらの》道真《みちざね》を崇敬する理由を「その王朝（皇室）を貴《たっと》ぶ志を慕わずして、いずこにかこれを慕うものあらん」と述べるのも（「都府楼瓦硯記」『高杉晋作史料　第二巻』平成十四年）、彼らがこうした環境の中で育ったからである。

他藩と大きく異なるのは、長州藩士にとり天皇とは主家につながる忠義の対象であったことだ。だから本州の最西端で「勤王」や「尊王」を唱える「志士」が大量生産されたのである。

久坂玄瑞と桂小五郎が先導

ただ、天皇の存在が政界で注目されても、長州藩主毛利慶親はなかなか重い腰を上げようとはしない。

長州藩において国政への参加を目指して動きはじめるのは、松陰だ。

松陰はペリー来航時、若殿（のち世子毛利定広《さだひろ》）を「有志大名」にせよと、藩の重役に提案した。だが重役は「世子の側より国家天下の事を議する事甚だ憚《はばか》る所なり」と、退けている。それでも松陰は、若殿が江戸へ行った際は「天下有志の君《きみ》」と交流してほしいと切に望んでいる（嘉永六年〈一八五三〉十一月二十六日、横井平四郎あて松陰書簡）。

さらに松陰は安政五年（一八五八）から六年（一八五九）にかけ、公卿の大原重朝《しげとも》を長州に連れてこようとか、藩主を参勤途中に京都に入れて挙兵させようとか、いろいろな方法で国政に首を突っ込ませようと考えたが、いずれも絵に描いた餅で終わった。藩という組織が動かないから、老中暗殺計画なども立てざるをえない。

しかし、松陰の没後、その後継者を自認し、自らを「草莽《そうもう》」と呼ぶような「志士」たちは、もっと現実的に政治を動かしていく。その先頭に立ったのが久坂玄瑞《くさかげんずい》と桂小五郎（のち木戸孝允）であった。

久坂玄瑞は熱烈な攘夷論者だ。藩医の家に生まれ、藩校明倫館で医学や洋学を学んだ。安政三年（一八五六）、アメリカ使節斬るべしと叫び、それは時機ではないと反対する松陰と激しい論争を繰り返したことがある。最後は松陰から、ではお前がアメリカ使節を斬ってみよと詰め寄られ、兜を脱いだ。そんな荒っぽい気性が気に入られたのか（もっとも、かなりの秀才でもあったようだが）、松陰の末妹である文《ふみ》を妻としていた。

久坂に比べると桂小五郎は、冷静沈着である。松下村塾には通っていないが、藩校明倫館で松陰に兵学を学んだ。嘉永五年（一八五二）、剣術修行の目的で江戸に出て、翌嘉永六年（一八五三）のペリー来航を目の当たりにした。それから下田奉行与力の中島三郎助に造船術を学ぶなど、西洋の科学技術に強い関心を抱く。

久坂は安政五年（一八五八）一月以来、京都や江戸を何度か訪れ、他藩の同志たちと頻繁に会って、天皇の意思である攘夷実行のため奔走した。身分という縦軸

久坂玄瑞

で貫かれた藩の枠を越え、横軸の同志的連携を築く、いわゆる「横議横行《おうぎおうこう》」であり、これが大きな歴史の新しい波を生んでいく。

文久元年（一八六一）一月から七月までの間に、久坂が江戸で会った他国人の名を記録した「骨董録《こっとうろく》」（福本義亮編『久坂玄瑞全集』昭和五十三年）によると、その出身地と人数は次のようになる（地名表記は原則として久坂自身による。なお『久坂玄瑞全集』ではこれを「安政庚申〈万延元年〉」のものとするが、誤りであろう）。

北越一人、会津二人、水戸三人、備中一人、薩摩四人、肥前（佐賀）三人、伊勢一人、房州一人、播州一人、守山一人、信州上田三人、松代（信州）一人、土州（土佐）四人、仙台一人、越《えつ》（越州・越国）一人。

外様大名の薩摩藩が五人、土佐藩が四人と多いのはわかるとしても、長州藩と激しく対立した会津藩が二人（馬島瑞園《まじまずいえん》、広沢富太郎）いることは意外かもしれない。しかし会津藩と長州藩の仲がおかしくなりはじめるのは、文久二年（一八六二）十二月に会津藩が京都守護職に着任以降のことだ。それ以前は会津藩も、国政には口出しできない徳川一門であった。

一方、桂は「桜田門外の変」の勢いのまま、藩の枠を乗り越えようとする。同藩士松島剛蔵とともに万延元年（一八六〇）六月から八月にかけて水戸藩有志の西丸帯刀《さいまるたてわき》、岩間金平《いわまきんぺい》らと会談を重ね、幕府内部の改造や攘夷実行などを誓った盟約を結ぶ。

締結の場所は江戸湾に停泊する長州藩軍艦丙辰《へいしん》丸の中だったから、「丙辰丸の盟約」と呼ばれる。または「成破《せいは》の盟約」とも言う。水戸藩がまず「破」の部分である攘夷を実行し、長州藩が「成」

の部分である事態の収拾、改革を行うというものである。

ただ、いずれの場合も個人的な活動であり、藩主の意を奉じていたわけでも、藩という組織で動いたわけでもない。それがこの時期の久坂や桂の限界でもあった。

和宮降嫁

井伊亡き後、幕府運営の中心になったのは老中の安藤信正《のぶまさ》であった。「桜田門外の変」の翌月、万延元年（一八六〇）閏三月には関宿《せきやど》（下総国）藩主の久世広周が老中に再任され、「久世・安藤政権」と呼ばれる時代が幕を開ける。

井伊は独裁的な政治で幕府の権威を維持しようとしたが、安藤は天皇の権威を取り込むことで、弱体化した幕府の権威を強化しようと考えた。公（朝廷）と武（幕府）が一丸となって国難にあたるというのが「公武合体《こうぶがったい》」であるが、安藤が考えるのは幕府寄りの「公武合体」だ。その具体策として出てくるのが「和宮降嫁《かずのみやこうか》」である。

これは孝明天皇の妹和宮《かずのみや》親子内親王《ちかこないしんのう》を将軍徳川家茂と結婚させようというのである。万延元年（一八六〇）当時、家茂と和宮は同じ十五歳。しかし、和宮はすでに有栖川宮熾仁《たるひと》親王と婚約していたこともあり、最初、天皇は幕府からの申し出を断る。ところが侍従の岩倉具視《ともみ》が和宮降嫁を許す代わりに、幕府に攘夷実行を約束させてはどうかと提案した。

これに天皇の心が動く。和宮を説得し、万延元年（一八六〇）八月に、七、八年ないし十年のうちに攘夷を実行するとの条件と引き換えに、降嫁を認めた。攘夷というのはペリー来航以前の鎖国状態に戻すことだ。朝廷にとっても和宮降嫁は、天皇の権威を高めるための好機と考えられたのである。

文久元年（一八六一）十月二十日、和宮は家茂に嫁ぐため京都を発ち、中山道《なかせんどう》を下って江戸に向かう。総勢二万人、駕籠の数八百挺という空前絶後の嫁入り行列だ。

家茂と和宮の婚儀が、江戸城で行われたのは文久二年（一八六二）二月十一日のことである。政略結婚ではあるが、二人の仲は終生睦まじかったという。

ただし、先代将軍家定の正室であった天璋院（篤姫）は、大奥のしきたりに馴染もうとせず、なにかといえば京都風にしたがる和宮と、少なからぬ対立があったようだ。

相次ぐ「異人斬り」で関税率が下がる

開国後の諸問題に積極的に取り組んでいた老中安藤信正を困らせたのは、遮二無二《しゃにむに》外国排撃を唱えるような、過激な攘夷論者たちによる妨害であった。当時来日したイギリスの外交官アーネスト・サトウの回顧録には、次のようにある。

「ところで、外国人は続々神奈川や横浜へやって来ていたが、これらの外国人は、日本の礼法に従って卑屈にぺこぺこしなければならぬこの国の町人とは全く異なり、自主的な態度を保っていたので、尊大な侍《サムライ》たちの感情を害していた。間もなく流血の惨事が起こった。イギリスとアメリカの公使が江戸に居を構えてから六週間後の八月二十六日（訳注　安政六年七月二十八日）の夕刻のこと、ロシアの軍艦の士官と水兵が、食料品の買い込みに上陸した横浜の街頭で、ずたずたに斬り殺された

のである」（坂田精一訳『一外交官の見た明治維新　上』昭和三十五年）

　万延元年（一八六〇）十二月五日夜、アメリカ総領事ハリスの秘書兼通訳ヘンリー・ヒュースケンが江戸麻布で過激な攘夷派数人に暗殺された。幕府はヒュースケンの老母への扶助料、慰謝料として一万ドルを支払う。これが江戸における外国人暗殺事件の第一号だ。

　続いて文久元年（一八六一）五月二十八日深夜、警備が厳重なはずのイギリス公使館（高輪・東禅寺）が水戸浪士有賀半弥《ありがはんや》ら十数人に襲撃され、護衛の武士が斬られるという事件が起きた。このイギリス公使館は一年後の文久二年（一八六二）五月二十九日深夜、今度は護衛の武士によって襲われてしまう。

　こうした攘夷熱の高まりに対し、安藤は宥和《ゆうわ》政策をとる。

　そのころ、「安政の五箇国条約」によって太陽暦（新暦）一八六三年一月一日（旧暦では文久二年十一月十二日）と決められた兵庫・新潟両港と江戸・大坂の開市期限が迫っていた。

　ところが、とても実行できそうな雰囲気ではない。特に、京都に近い兵庫や大坂を海外に向けて開くなど、朝廷との間にまたも大きな紛争を巻き起こす恐れがある。そこで幕府はヨーロッパ諸国に、外国奉行兼勘定奉行の竹内保徳《やすのり》を正使とする使節団を送り込み、延期を申し入れた（ちなみに長州藩はこの一団に、藩士杉孫七郎を幕臣従者の名目で随従させている）。

　一行がイギリス軍艦に乗って品川を発ったのが文久元年（一八六一）十二月二十二日。フランス、イギリス、オランダ、プロシア、ロシア、ポルトガルを訪問し、シンガポールから香港を経て、一年後に帰国する。この間、プロシアを除く各国からロンドン覚書をもとに、五か年間の開市開港の延期承諾を得た。

しかし、こうした約束不履行を認めてもらう見返りとして、幕府は関税率を下げねばならなかった。関税自主権がなかったとはいえ、条約締結当時、酒類などは三十五パーセントと高率だった上、輸入税率は二十パーセント平均であり、さらに五年後は再協議できるという日本にとって不利な条件ではなかった。それが最終的には五パーセントという、中国並みに下がってしまったのは、実は外国人を標的にした異人斬りの影響があったのである。

攘夷論の広がり

和宮降嫁を進めた老中安藤信正に対する水戸藩側の憎悪は凄まじかった。もともと大老井伊の下で開国路線を推進してきた安藤を水戸藩側は敵視していたし、安藤も水戸藩を危険視していた。

このため文久二年（一八六二）一月十五日には、江戸城坂下門で安藤が要撃されるという事件が起こる。いわゆる「坂下門外の変」である。

安藤は軽傷を負っただけで済み、六人の刺客は護衛の武士たちにその場で斬り捨てられた。しかし、大老井伊に続く閣僚への要撃事件が起こったことに非難の声が沸き起こり、四月十一日、安藤は老中職を辞さねばならなかった。

これは水戸藩の、「破」の行動である。「成」の長州藩側の桂小五郎は、事件を計画段階から知ったが、時期尚早だとして反対していた。

ところが事件直後、桜田にあった長州藩邸（上屋敷）に「内田万之助」と名乗る男が桂を訪ねてくる。内田の正体は水戸浪士の川辺佐治右衛門だ。安藤襲撃の一員だったが、遅刻し参加できなかったのである。それを悔いて、桂に趣意を託して藩邸内で自刃してしまった。これにより桂と手子《てこ》（従僕）の伊藤俊輔《しゅんすけ》（博文）は町奉行所で取り調べられたが、結局は不問に付された。

安藤を襲った六人のうち士分は二人、あとは農民、医者といった庶民である。また、黒幕とされる攘夷論者で儒者の大橋訥庵《とつあん》は、江戸日本橋の太物《ふともの》商大橋淡雅《たんが》の婿養子であった。

二年前の「桜田門外の変」で井伊を襲った刺客の大半が士分だったことを考えると、攘夷論の裾野がずいぶん広がっていたことがわかる。それは開国が輸入を急速に拡大させ、物価が高騰し、庶民の台所を苦しめていたことと無縁ではない。

幕府は主要輸出品である五品（雑穀、水油《みずあぶら》、蠟、呉服、生糸）を産地から江戸に回送させ、国内需要を考えた上で輸出するという「五品《ごひん》江戸廻送令」を万延元年（一八六〇）閏三月に出したが、充分な解決にはならなかった。商人たちが裏経路を使い、江戸を経ず直接横浜に運んでしまったのも一因だ。

このため攘夷論は、切実な生活問題として庶民に広がっていた。「草莽」と呼ばれた層の裾野が広がったのである。

「航海遠略策」

次に中央政局に登場するのが、外様の長州藩主毛利慶親である。

開国問題により亀裂が入った朝廷・幕府の関係を、長州藩が正そうと名乗りを上げたのである。

これは朝廷・幕府双方に深いつながりのある毛利家でなければできない仕事であった。しかし、外様大名がこんな形で国政に介入するなど、幕府権力が強靱なころなら考えられないことである。

長州藩は中央進出の手土産として、文久元年（一八六一）三月二十八日、藩士長井雅楽《うた》の建議による「航海遠略策」を藩論として採用した。藩主側近による強い推薦があったのであろう。

「航海遠略策」には朝廷が鎖国攘夷の方針を改めた上で幕府に命令を下し、公武一体となって海外に雄飛すれば、日本が五大州を制圧できるなどと、雄大なことが述べられている。ただ、幕府が行った開国は、外圧に屈したからだとしながらも、既成事実として認めていた。ともかく武備の強化が急務なのだが、国内が分裂しているので遅れていることも問題視している。

藩内で「知弁第一」と絶賛された長井は、この年四十三歳。藩主世子の教育掛を任せられるほど、藩主慶親からの信頼も厚い。安政五年（一八五八）十月からは直目付《じきめつけ》として、藩政の中枢に関わっていた。

君命を受けた長井はまず京都に赴き、朝廷を説く。これは、孝明天皇の気持ちをつかんだようで、「国の風ふきおこしてもあまつ日をもとの光にかえすをぞ待つ」

との御製《ぎょせい》と、天皇が使用した食器や扇子が長州藩主に与えられた。ただし天皇には、幕府と対立するつもりはない。「航海遠略策」を幕府が受け付けぬ時、毛利慶親が天皇の意を盾にして強引に行動しないよう、長井に確認している。

次に長井は江戸で幕府の要人を説く。前に見たように老中安藤信正らは、天皇の権威を取り込もうと考えているので渡りに船、大いに歓迎した。

ところが桂小五郎や久坂玄瑞ら松陰門下生を中心とする急進的な攘夷派は、「航海遠略策」に激しく反発した。彼らは違勅条約をいったん破棄し、国内を一致団結させた上で攘夷を行い、国威を示した後で、日本側が主導して開国をやりなおそうと考えた。

このため、長井がお膳立てした後、藩主自ら江戸に赴き、公武間の周旋に乗り出そうとするのを、久坂や周布政之助らは道中で阻止しようとする。しかしこれは失敗、帰国させられ、周布は逼塞《ひっそく》を命ぜられた。

年が明けて文久二年（一八六二）。一月十四日に土佐勤王党の坂本龍馬《りょうま》が、首領武市半平太《たけちはんぺいた》（瑞山《ずいざん》）の手紙を携え、萩に久坂を訪ねてくる。このとき久坂は、

「竟《つい》に諸侯（諸大名）恃《たの》むに足らず。公卿恃むに足らず。在野の草莽糾合、義挙の外《ほか》はとても策これなし（中略）失敬ながら尊藩（土佐藩）も弊藩（長州藩）も滅亡しても大義なれば苦しからず」

と武市あての返書にしたため、龍馬に託す。権力者たちに頼るのではなく、自分たち草の根の力を集めて改革を進めようと訴えたのである。そのためにはお互いの藩など失ってもかわまぬと、大胆なことまで言う。なお、これに刺激を受けたのか、龍馬は帰国後、三月に土佐を脱藩した。

松陰が最晩年しきりと唱えたのが「草莽崛起《くっき》」であった。孟子《もうし》が言った「草莽の臣《しん》」を意識したものであろう。現代では「草莽＝《イコール》民衆」と解釈されがちだが、松陰が言う草莽とは、藩政に直接参加できないような下級武士（足軽や中間《ちゅうげん》など）のことである。

ところが龍馬が萩に来た翌日の十五日、江戸では「坂下門外の変」が起こり、やがて老中安藤は失脚した。刺客たちは、松陰などが想定しなかった新しい「草莽」の層であったことは、先述のと

おり。安藤の支持を受けて公武間を周旋していた長州藩も、大きな方向転換を迫られる。

高杉晋作と五代才助の友好

公武間の周旋を進める長州藩は人材育成、情報収集にも余念がない。文久二年（一八六二）一月、藩士高杉晋作に清朝中国の上海へ渡航して、情勢視察するよう命じた。

幕府が出貿易下見のために上海に派遣する一団（総勢五十一人）に、幕臣従者の名目で晋作を加えたのである。当時、諸藩士に海外渡航の資格はなかったからだ。

幕船千歳丸《せんざいまる》（三本檣《ほばしら》の木造帆船）に乗り込んだ一団が長崎を発ち、上海に到着したのは五月六日である。一同は港を埋め尽くす西洋船の帆柱や、洋館の長大な白壁に息を呑む。

この時から二十年前、「アヘン戦争」でイギリスに敗れた中国は「南京条約」を締結させられた。それによって上海など五港が開かれ、開港場には租界《そかい》が設けられて、イギリスの領事館が置かれた。中国の貿易の主導権はイギリスに奪われ、なかば植民地のような状況になっていく。これにアメリカやフランスなども続いた。

帰国までの二か月間、晋作は連日市街を歩きまわり、現地人と筆談をして情報を収集した。イギリスが蘇州河《そしゅうが》に架けた新大橋（ガーデンブリッジ）を現地人が渡る際は通橋料を払わされるとか、孔子廟が荒れ放題でフランス軍兵士の宿舎になっているとか、さまざまな衝撃的な光景を目撃する。また、西洋式の銃陣や最新兵器のアームストロング砲に目を見張った。

一行の中で晋作が人物として認め、特に親しく交わったのが佐賀藩士中牟田倉之助《なかむたくらのすけ》と薩摩藩士五《ご》代才助《だいさいすけ》（友厚《ともあつ》）である。

　中牟田は晋作と同じ幕臣従者という立場だったから、上陸して同じホテルに泊まり、ともに上海市街を歩きまわることができた。中牟田は英語が堪能で、のちに明治海軍の建設に大きな功績があった人物だ。

　一方、五代はすでに幕臣の従者という枠が埋まっていたため、水夫として加わったので、原則として千歳丸から離れられない。晋作は千歳丸に五代を訪ね、いろいろと話し合った。五代は十三歳の時、世界地図を模写して藩主斉彬に献じたとか、地球儀をつくったとかいう逸話を持つ海外通だ。安政四年（一八五七）、長崎の海軍伝習所でオランダ士官から指導を受けた。すでに文久二年（一八六二）一月にはイギリス商人グラバーとひそかに上海に渡り、蒸気船一隻を購入して、翌月には薩摩に回着している。

　五代と意気投合した晋作は日記『遊清五録《ゆうしんごろく》』に一見して旧知のようだったとか、肝胆相照らして大いに志を語り合ったとか述べている。ちなみに晋作は天保十年（一八三九）生まれの二十四歳、五代は四歳年長であった。

　なかでも晋作を驚かせたのは、五代が語る蒸気船の話である。五代は薩摩藩が蒸気船を使い、上

上海に渡った五代才助（友厚）

海経路を踏み台として世界中を相手とした貿易を計画していると言った。こうして経済力をつけ、富国強兵によって外圧を除くのである。

この時も、薩摩藩は五代に上海で蒸気船を購入するよう命じていたらしい。しかしこの件に関しては具体的にはよくわかっておらず、宮本又次『五代友厚伝』（昭和五十六年）には「五代は結局汽船を買い入れなかったとも考えられる」とある。

ともかく、蒸気船によってどれほど世界が広がるのかを、晋作は五代から教えられた。軍事目的だけではなく、経済的にもどれほど有益かを知ったのである。このころ長州藩は木造帆船二隻を所有していたにすぎない。蒸気船購入の話は持ち上がっていたが、江戸や京都での政治活動に大金を費やしたため、取りやめになっていた。

そこで上海から長崎に帰るや、晋作はオランダが売りに出していた蒸気船を長州藩が購入するとの契約を「独断」で結んでしまう。『遊清五録』には「蒸気船、和蘭国へ註文仕り候一条」という、晋作の報告書草稿が含まれている。それによると中国が「衰微《すいちょう》」した原因は、「外夷を海外に防ぐの道を知」らなかったからだとする。「断然太平の心を改め、軍艦大砲制造し、敵を敵地に防ぐの大策無き故」であった。しかも、

「我が日本にもすでに覆轍《ふくてつ》を踏むの兆《きざ》し」

があるのだという。「覆轍を踏む」とは前人の誤りを繰り返すとの意味だ。

しかし、藩政府では独走する晋作を非難する声が起こり、とても購入できる雰囲気ではなくなってしまう。オランダ側も手を引き、結局この話は流れた。

島津久光の上洛

安藤、久世の失脚により長州藩の足元がふらつきはじめたころ、公武間の状況を一変させるのが、薩摩藩だ。

斉彬の遺志を継ごうとしたのは、異母弟の島津久光《ひさみつ》である。久光は国政に強い野心を抱いている。久光は藩主の父だが、藩政の実権を握っており、「国父《こくふ》」と呼ばれていた。

久光はまず、息子であり藩主でもある茂久の参勤延期を幕府に認めさせようとした。その代わり、自分が率兵上京すると言う。

ところが、茂久はすでに何度も参勤延期を行っていた。そのため家臣たちが、四方八方手を尽くしてみたが、うまくいかない。そこで、久光側近で小納戸役の堀次郎は文久元年（一八六一）十二月七日、江戸芝の薩摩藩上屋敷に放火するという、大胆な行動に打って出た。藩主の居場所が失われ、再建にも膨大な出費が必要であるため、幕府は茂久の参勤延期を許可せざるをえない。

続いて久光は「皇国復古」を唱え、文久二年（一八六二）四月十六日、京都守護の名目で兵力一千あまりを率いて上った。町田明広『島津久光＝幕末政治の焦点』（平成二十一年）ではその真意を、次のように説く。

「久光は、封建制に基づく徳川公儀体制の堅持を念頭に置きながらも、譜代門閥制を否定し、その実現のために孝明天皇を最高権威者として位置づける体制を志向し、幕府は単なる朝廷の執行機関と規定した」

もちろん久光にも「尊王」「勤王」の志はあったのだろうが、先の毛利家の場合と比べるとずいぶんと政治的である。

ところが、久光の上洛を幕府に抗するための「義挙」が目的だと早合点した薩摩藩の誠忠組や、筑後久留米の神官真木和泉《まきいずみ》、筑前の平野国臣、長州の久坂玄瑞、土佐の吉村虎太郎といった各地の「志士」たちが、続々と京都に集まってくる。彼らは幕府権力そのものを否定し、天皇親政を望むという激派である。

ところが久光は、彼らの棟梁になって立ち上がる気など毛頭ない。不満に思った誠忠組の有馬新七らは四月二十三日夜を期し、行動を起こそうとする。伏見（現在の京都市伏見区）の船宿寺田屋に八十人ほどが集結し、九条関白や所司代酒井忠義を襲撃する準備を進めた。

これを知った久光は内勅を得、同日夕、同じく誠忠組に鎮撫《ちんぶ》を命じ、寺田屋に送り込み、暴発寸前の有馬ら九人を上意討ちにする。鎮撫側も一人が闘死。残虐きわまりない、薩摩藩の同志討ち「寺田屋事件」だ。

彼らの計画を頓挫させた薩摩藩は、続いて真木や吉村らを、それぞれ出身藩に引き渡した。また、旧中山大納言家の家士田中河内介《かわちのすけ》と息子を捕え、海路薩摩に送る船中で暗殺する。ただし、田中らを殺したのは私刑だとの非難も起こった。

ちなみに久光上洛にあたり、斉彬の志を知る西郷隆盛は奄美大島から帰藩を命ぜられ二月十二日、鹿児島に到着。旧役に復帰し、小松帯刀らと討議した後、三月十三日、久光の先発として鹿児島を発つ。ところが下関で待機せよとの命に背いて、西郷は大坂に向かってしまった。激派の暴発を止めさせようと焦ったのである。これが久光の逆鱗に触れ、今度は徳之島に流される。そこで田中の死を知った西郷はもはや薩摩は「勤王」の二字を唱えられないと、同志あての手紙で嘆く。

久光、幕府に乗り込む

激派の暴発を未然に防いだ島津久光の断固たる態度は、孝明天皇や朝廷関係者たちの目には、大変頼もしいものに映った。

天皇の信任を得た久光は、ここから本題に入る。朝廷に働きかけて勅使を出してもらい、天皇の権威を楯にして幕府内部を改造しようというのである。そして自分もまた、国政の中で重きを成そうと考えたのである。

その結果、公卿の中でも硬骨漢として知られた六十二歳の大原重徳《しげとみ》が勅使となり、江戸へ下ることが決まった。久光が藩士を率いて勅使の護衛となって、江戸に到着したのは六月七日だ。

同月十日、江戸城に上った大原は、将軍家茂に勅諚を伝えた。その内容の主なひとつが、「安政の大獄」で失脚したままの松平慶永と一橋慶喜を復権させよとの要求である。こうして慶永は政事総裁職、慶喜は将軍後見職を任ぜられた。

老中たちは、久光の息がかかった勅使だから、最

島津久光銅像（鹿児島市照国神社）

初は要求を呑むことを渋ったという。だが結局、勅には抵抗できなかった。天皇が幕府の人事に口出しするのも、外様大名が幕府に乗り込んでくるのも、前代未聞である。久光としては朝廷寄りの公武合体策を実行することで、兄斉彬が果たせなかった幕府改造の夢を実現させたのであった。

久光の派手な行動のおかげで、長州藩の存在感はすっかり薄れてしまう。

快進撃を続ける久光が、勅使を伴い江戸入りする直前、面白くない長州藩主は逃げるように江戸を離れた。このころ、藩内外からの非難、さらには朝廷からも非難を受けて、長州藩の動揺は頂点に達した。

五月二十日、長井雅楽は職を退き、罪を待つこととなり、翌文久三年（一八六三）二月六日、すべての責任を被せられて切腹させられた。

長州藩の奉勅攘夷

京都に入った長州藩主毛利慶親は文久二年（一八六二）七月六日、河原町にあった藩邸に老臣以下を集めて御前会議を開き、「航海遠略策」を捨てることを正式に決定、次なる方針を「奉勅攘夷《ほうちょく》」に定めた。

天皇の意思を奉じ、遮二無二攘夷を行うというのである。薩摩藩の上をいく、派手な行動が必要であった。会議の席上、攘夷派の周布政之助や桂小五郎らは、

「楠公《なんこう》湊川《みなとがわ》の決心とするの外《ほか》なし」

と唱え、反対意見を封じ込めてしまう。彼らは敗れるのを承知で後醍醐《ごだいご》天皇のために戦い死んだ、

楠木正成にならおうと言うのである。しかし、そのような精神論を主張しながら、周布などは、「攘は排なり、排は開なり、攘夷しかして後、国を開くべし」と揮毫《きごう》している。彼らには攘夷論を高めて国内を団結させ、外圧に抵抗した上で開国するといった目論見があったのである。それが、開国のための攘夷である。

藩論転換は七月二十四日、藩主が親書を示して公表され、長州藩に促される形で、朝廷も攘夷の方針を確立した。こうして再び長州藩にスポットが当たるようになる。

それから朝廷は長州藩に、幕府に勅諚を届ける役を命じた。

ところが事前に、その勅諚の内容を知った桂小五郎たちは驚く。二年前に他界した水戸の徳川斉昭（烈公）に対する贈官《ぞうかん》（死後贈られる官位）や、「安政の大獄」などの国事犯に対する大赦はいいとしても、天皇は安政元年（一八五四）三月にペリーとの間に締結された「日米和親条約」を破棄せよと、幕府に命じようとしていたのである。和親条約については締結当時、天皇も認めていたはずである。

長州藩としては、安政五年（一八五八）に勅許なしで締結された修好通商条約の破棄を、攘夷だと解釈している。ならば天皇が反対するとの理由で、貿易

京都長州藩邸跡碑（京都市上京区一之船入町）

中止を外国側と交渉するのも可能かもしれない。しかし、それ以前の和親条約まで破棄しては、即戦争になるかもしれない。

桂たちはひそかに朝廷に、勅諚の変更を求めた。実は自分たちの戦略に不都合な勅は認めないというのが本音だ。その結果、八月一日に朝廷から長州藩世子毛利定広に託された勅諚からは、和親条約破棄の一件は削除されていた。ところが今度は勅諚により罪を拭《ぬぐ》われる中に、寺田屋で上意討ちされた九人が含まれていたことが問題となる。島津久光の面目が丸つぶれとなり、薩長間の関係が悪化するのを恐れた桂と山田亦介《またすけ》は江戸へ急行し、苦心のすえ勅諚から該当の十六字を削ることに成功する。

八月十八日、品川に到着した定広は、翌十九日には勅使大原重徳に謁見。続いて久光を訪ねるが、久光は長州藩の周旋を面白く思わず、不機嫌だったという。それから久光の一行は江戸を去り、帰途につく。この行列は同月二十一日、武蔵生麦《なまむぎ》村（現在の横浜市鶴見区）で遭遇した騎馬のイギリス人四人を無礼討ちにする。一人が死亡、三人が負傷した、いわゆる「生麦事件」である。外国人を斬るような「攘夷」は、久光の本意ではない。しかし、世の過激な攘夷派は薩摩藩に喝采を送る。

勅使と将軍家茂

続いて文久二年（一八六二）十月二十八日、三条実美を正使、姉小路公知《あねがこうじきんとも》を副使とする勅使が、土佐藩、長州藩の数百人に護衛されながら江戸に入る。三条も姉小路も急進的な攘夷派として知られた少壮公卿で、五月十一日には国事御用書記掛となっていた。

勅使の目的は、将軍徳川家茂に攘夷実行を督促するというものである。

家茂に突きつけられる勅諚は、攘夷の期限を早く定めて朝廷に報告せよ、攘夷の具体的策略は幕府に任せるので、これも報告せよというものであった。また、長州藩の提案により親兵（京都警護の軍隊）設置を求めるという沙汰も、添えられていた。これが認められれば、天皇は軍事力を持つ権威ということになる。

かつて幕府は、和宮降嫁と引き換えに攘夷実行を約束していた。しかし、それが現実的には不可能だとも知っている。だから、幕府としては期限を延ばしながら、条件を修正していくしかない。鎖国に戻るのは七、八年ないし十年のうちとしたはずだが、それすらも反故《ほご》にされてしまう。

追い詰められた将軍家茂は、病気と称してなかなか勅使に会おうとはしなかった。ようやく江戸城において対面が実現したのは、勅使が江戸に到着してひと月も経った十一月二十七日のことである。

その日、三段に分かれた大広間の上段に勅諚を持った三条と姉小路が座り、中段に家茂と松平慶永が座り、下段に

上座から将軍家茂に勅書を渡す三条実美（『三条実美公履歴』）

一橋慶喜などが平伏した。以前なら将軍が上座で、勅使は下座である。その慣習を、三条ははっきり目に見える形でひっくり返したのである。ここまでされても、幕府は文句が言えない。

勅諚に対し家茂は、明春自ら上洛して奉答（返事）することを約束させられた。

イギリス公使館焼き打ち

このころアメリカは善福寺（現在の港区元麻布）、イギリスは東禅寺（現在の港区高輪）、フランスは済海寺（現在の港区三田）、オランダは西応寺（現在の港区芝）を借りて公使館を置いていた。ところが攘夷熱が高まり、二度も東禅寺のイギリス公使館が襲われるや、外国公使団は幕府に安全に居住できる敷地の提供を申し入れてくる。

こうして選ばれたのが北品川の御殿山《ごてんやま》だ。ところが御殿山の地を外国人に貸し与えることについては、官民両方から激しい反対の声があがった。品川宿や江戸湾を一望に見渡せる防衛上の拠点であったこと、上野と並ぶ花見の名所だったことなど、理由はさまざまである。

幕府は万延元年（一八六〇）にも一度、御殿山を公使館用地にしようとしたのだが、地元住民の反対が強く、諦めたことがあった。しかし今度は、強引に工事を進める。最初はイギリス公使館で、文久二年（一八六二）十二月になると、海に面した豪勢な二階建てベランダつき洋館がほぼ完成した。設計はイギリス、費用四万ドルは幕府持ちだ。続いて、オランダ、アメリカが続く予定であった。

ところが孝明天皇も、御殿山を外国人に使用させるのには反対で、その意思を伝えてきた。困った幕府は十二月九日、イギリス公使代理ジョン・ニールに、勅命があったので御殿山の用地を放棄してほしいと申し入れた。ところがニールは用地を放棄することも、工事を中止することも、きっぱりと拒否する。

　すると大目付竹本正雅《まさつね》は、もし朝廷と戦争になった場合、イギリスは幕府を応援してくれるかと持ちかけた。これは重大発言である。石井孝『増訂明治維新の国際的環境　分冊一』（昭和四十八年）には、「幕府当局から外国になされた援助要請のはじめであろう」と評されている。

　むろんニールは即答を避けたが、「友好的なかつ率直な外交交渉への最大の接近」と、内心喜んだ。その後、竹本はフランス、アメリカにも用地の放棄を申し入れたが、いずれも拒否される。幕府は天皇と外国の板挟みになり、困惑してしまった。

　それから三日後、十二月十二日の深夜、御殿山のイギリス公使館が何者かの放火によって全焼する。外国側はテロ再発を恐れ、二度と御殿山を使いたいとは言わなかった。しかしニールなどは窮した幕府が手をまわし、焼かせたのではないかと疑ったようだ。だから幕府も本腰を入れて捜査をせず、迷宮入りになったのであろう。

　犯人は高杉晋作と久坂玄瑞を中心とする長州藩攘夷派の十三人であった。それが明らかになるのは、明治になり政治家として栄達を遂げた伊藤博文や井上馨《かおる》が、若き日の武勇伝として公使館放火を自慢してまわったからだ。政府高官が焼き打ち犯人の過去を持つのだから、外国人たちは驚き、呆れたようだ。

　晋作らの狙いは事件を機に幕府と長州藩の退路を絶ち、攘夷を実行させることであった。あるいは、藩論を急激に転換させて世間の非難を浴びる長州藩の名誉挽回も考えていた。「生麦事件」を起こした薩摩藩への対抗意識も強い。しかし、期待したほどの効果はなく、かえって幕府を喜ばせるという皮肉な結果になってしまった。

将軍家茂の上洛

孝明天皇からの勅使に攘夷実行を督促された将軍徳川家茂は、上洛して返答することになった。将軍上洛は三代将軍家光以来、二百二十九年ぶりである。

文久三年（一八六三）二月十三日、家茂は三千人を従えて江戸城を発ち、三月四日、京都二条城に入った。こうして政局の中心は、江戸から京都に移る。

前後して将軍後見職の一橋慶喜や政事総裁職松平慶永らも京都にやって来た。幕府は攘夷実行を約束する代わりに、天皇に将軍への「大政委任」を約束させようと考えている。

このころになると、天皇は幕府の頭を飛び越し、有力大名に直接命令を出して、政治諮問や幕府との周旋を行わせるようになっていた。応じて京都に出ていく大名もいれば、応じない大名もいる。なにしろ、朝廷と幕府の二箇所から別々の命令が来るのだから、多くの大名たちは戸惑う。

このような、天皇の政治への干渉に歯止めをかけるのが、将軍上洛の狙いであった。ところが三月七日、正式参内した家茂が受け取った勅書には、攘夷奨励は当然としても、国事に関しては事柄によっては朝廷から直接諸藩に命じることもあるといった意味のことが述べられていた。これでは「征夷大将軍」という職は攘夷実行が任務で、その他の政治は天皇が行うということにもなりかねない。

ここで家茂は、上洛した意味の大半を失う。そうなるとさっさと江戸に帰りたいところだが、長州藩など攘夷派が放してくれない。今度は、いつから攘夷を行うのか具体的に示せと責め立てる。

長州藩の建議により、三月十一日、攘夷祈願のため下鴨神社、上賀茂神社への天皇行幸が実現したが、供奉《ぐぶ》の列に家茂も加わった。沿道の見物人たちに公武一和を見せるための行動だが、同時に天皇の下に将軍がいるという力関係も理解させた。

さらに、攘夷派は家茂を追い詰めようと、四月十一日に旧称「男山《おとこやま》」の京都の石清水八幡宮《いわしみずはちまんぐう》へ行幸を行う。八幡宮は徳川もその流れをくむという源氏の氏神だ。さすがに危険なものを感じた家茂は風邪を理由に随行を断り、代理の慶喜も腹痛のため麓の寺で待機する。

そして家茂は四月二十日、攘夷期限を「五月十日」とすると上奏し、諸大名にも知らせた。幕府は確たる方針を立てていたわけではない。決めないと家茂を江戸に帰してもらえないので、苦しまぎれと言ったほうがよい。ようやく解放された家茂が京都を発ち、帰途についたのは六月九日であった。

高杉晋作が奇兵隊結成

将軍家茂が攘夷期限に定めた文久三年（一八六三）五月十日がやって来ると、長州藩は本州最西端、下関（馬関《ばかん》、赤間関《あかまがせき》）の砲台から眼前の関門海峡を通航するアメリカ、フランス、オランダの商船を次々と砲撃し、気炎をあげた。さっそく藩主毛利慶親が朝廷に報告すると、やがて褒勅《ほうちょく》が下った。

ところが六月になると、アメリカやフランスの軍艦が報復のため関門海峡に襲来した。アメリカ軍艦は長州藩の軍艦を二隻沈め、フランス軍艦は兵百五十人を上陸させて、前田村（現在の下関市）の砲台を破壊して全村二十余戸を焼き払った。

この知らせを周防山口で聞いた藩主慶親は激怒。過激な攘夷決行を批判し、萩に引きこもっていた高杉晋作を呼び出して、何か妙案はないかと尋ねる。

晋作は藩の正規軍に対し、ゲリラ軍「奇兵隊《きへいたい》」の結成を提案した。これを喜んだ慶親は、晋作に下関防御を任せた。

六月六日、下関に到着した晋作は、地元の商人白石正一郎の屋敷を拠点に、奇兵隊を結成する。奇兵隊は武士だけではなく、庶民にも門戸を開いた軍隊として知られているが、別に晋作に現代的な平等思想があったわけではない。れっきとした藩士の晋作にすれば、全人口の一割にも満たない武士だけで戦っても戦力不足なので、やむをえず庶民を動員したというのが本音であろう。

この時から三十二年前の天保二年（一八三一）七月、長州藩では十数万の百姓が立ち上がるという、「天保の大一揆」が起こっている。かつて藩士たちを苦しめた庶民の活力を、今度は外敵に向けての兵力として利用しようと考えたのである。

奇兵隊を結成した高杉晋作

こうして奇兵隊は、武士五割、農民四割、その他一割からなる画期的な軍隊へと成長する。また、庶民も動員した遊撃隊、御楯隊《みたてたい》、八幡隊《やはたたい》など奇兵隊的な軍隊が藩内各所で結成され、その数はのべ四百にものぼった。これらは「諸隊」と総称される。三方が海に囲まれていた長州藩では、庶民にまで外圧に対する危機感が高まっていたのであろう。

力任せの攘夷を実行する理由を、外国艦砲撃を指揮した松陰門下の吉田稔麿《としまろ》は、少数派にもかかわらずアメリカ独立戦争を起こしたワシントンになぞらえて説明する。ワシントンは「義をもって衆を励まし、ついに大功（独立）を成就」したとし、成算が乏しいからと、相手に屈しては国家の独立は維持できないと言うのである（拙著『吉田稔麿　松陰の志を継いだ男』平成二十六年）。

七月になり幕府は暴走する長州藩に、詰問使《きつもんし》を送る。攘夷期限を決めた際、外国船が襲来したら応戦してもよいと言ったにすぎないというのが幕府側の言い分だ。ところが奇兵隊などは使節の乗ってきた幕艦朝陽丸を関門海峡で拿捕《だほ》する。さらには詰問使中根市之丞らを暗殺してしまった。天皇からほめられた行為に対し、文句を言うほうこそ賊だと言うのである。

長州藩の密航留学生

外国艦砲撃は、長州藩の「表」の顔である。「裏」の顔は攘夷実行と時をほぼ同じくして、海軍修業の名目で井上聞多《ぶんた》（馨）、伊藤俊輔（博文）、野村弥吉（井上勝）、山尾庸造《ようぞう》（庸三）、遠藤謹助《きんすけ》の五人を、イギリス・ロンドンに密航留学させた。彼らは近年では「長州ファイブ」と称される。

伊藤は出発にあたり、その決意を次のように詠む。

「ますらおのはじをしのびてゆくたびは　すめらみくにのためとこそしれ」

刀をはずし、髷《まげ》を切り、西洋人のような格好が恥ずかしいと言うのだが、本音は怖かったであろう。それでも自分たちの密航留学が「すめらみくに（日本）」の将来に必ず役立つというのである。

五人は「生きたる器械」になると意気込み、文久三年（一八六三）五月十二日、横浜から旅立った。ひそかに協力したのは、横浜に支店を構えるイギリスのジャーディン・マセソン商会だ。

一行はまず、上海に立ち寄ったが、そこに立ち並ぶ洋館や各国の船を見た井上は、早くも力任せの攘夷の不可能を悟ったという。他の面々も、やがて開国した上で外圧を除くしか道はないことに気づいていく。

およそ四か月半の船旅を経てロンドンに到着した五人はまず英語を習得し、それからロンドン大学などで学びながら、産業革命全盛の国で、あらゆる西洋文明を体験することになった。この年、ロンドンでは地下鉄がはじめて走っている。

当初、五人に与えられた任務は、海軍を学ぶことであった。しかし伊藤と井上は政治を、野村、山尾、遠藤は工業を、それぞれ日本に持ち帰った。軍事力だけでは西洋列強に対抗できないことを、

長州藩の密航留学生「長州ファイブ」。左より井上聞多、遠藤謹助、野村弥吉、山尾庸造、伊藤俊輔

現地でいやというほど思い知らされたのであろう。

さらに二年後、長州藩は第二弾の秘密留学生をロンドンに送り込んだ。山崎小三郎、南貞助《ていすけ》である（後日、竹田春風《しゅんぷう》も加わる）。南は高杉晋作の従弟で、明治六年（一八七三）、イギリス人女性と結婚して、日本の国際結婚第一号となった。

留学生を派遣したことを見ても、長州藩が排他的な攘夷の次に新たなる開国を行おうと考えていたことがわかる。ちなみに薩摩藩がイギリス・ロンドンに秘密留学生（薩摩スチューデント）をはじめて送り込むのは二年後の元治元年（一八六五）三月二十二日のことであった。

姉小路公知暗殺事件

姉小路公知は三条実美とともに、急進的な攘夷論を主張する公卿として知られていた。文久二年（一八六二）十月には右近衛権少将《うこのえごんしょうしょう》として勅使三条に副使として従って江戸に下り、将軍徳川家茂に攘夷実行を督促している。さらに十二月に国事御用掛が設置されるや、その一員となった。だいたい江戸時代の朝廷内に「国事」に関する部署が設置されること自体が異常であり、その異常さの中から三条や姉小路のような公卿が生まれてきたのである。

文久三年（一八六三）四月、幕府軍艦に乗って摂海《せっかい》（現在の大阪湾）防備を巡検した姉小路は、軍艦奉行並《なみ》の勝海舟から世界情勢や海軍の必要を説かれ、感銘を受けたという。それが一部の攘夷派の間では「変説」と受け取られていたようだ。

五月二十日午後十時ころ、朝議に出席して帰宅する途中の姉小路は、御所の朔平《さくへい》門外巽（南東）

の角（猿ケ辻）において刺客に襲われ、顔や胸に重傷を負い、間もなく死亡した。享年二十五。

このころの京都は、幕府関係者などの暗殺事件が日常茶飯事となっていたが、さすがに公卿が標的になった衝撃は大きかった。犯人を捜査するよう、武家伝奏《ぶけてんそう》（関白に次ぐ朝廷の要職）や幕府から命が出る。

現場に残されていたのは「奥和泉守忠重」の銘がある、薩摩拵《こしら》えの刀だ。土佐浪士の那須信吾が、これは薩摩藩の田中新兵衛《しんべえ》の刀であると証言した。示現《じげん》流の達人という田中は前年、京都に上ってきて以来、土佐藩の岡田以蔵《いぞう》らとともに九条家の島田左近や越後浪士本間精一郎を暗殺し、「人斬り」と呼ばれていた。

ところが、捕えられた田中は町奉行所内で隙を見て自決したため、真相は闇に葬り去られてしまう。こうして、三条や姉小路らの力を背景に台頭した長州藩の存在を面白くないと見る、薩摩藩の仕業だとの見方が強まった。

嫌疑をかけられた薩摩藩は、御所乾御門《いぬい》の警護を解かれる。さらに関係者の御所九門の往来が禁じられてしまう。

そのことが、かえって急進派の公卿や長州藩を増長させるという、皮肉な結果につながった。薩摩藩が排除され、彼らの暴走に歯止めをかける者がいなくなったのである（町田明広『島津久光＝幕末政治の焦点』平成二十一年）。

薩英戦争

文久三年（一八六三）七月、薩摩藩は鹿児島の錦江湾（鹿児島湾）に襲来したイギリス艦隊と砲火を交えた。「薩英戦争」である。

関門海峡で外国艦を砲撃する長州藩は、薩摩藩に慰問状を送って激励した。ただし薩摩藩は開国による富国強兵を目指しているから、ひたすら天皇の意に従って西洋列強を打ち払おうとする長州藩とは事情が異なる。

発端は前年八月、島津久光の行列がイギリス人を斬った「生麦事件」だ。憤慨するイギリス側の求めに応じ、幕府は文久三年（一八六三）五月、賠償金一〇万ポンドなどを支払った。ところが犯人引き渡しを命じても、薩摩藩は応じようとしない。薩摩藩にすれば、行列に対し無礼を働いたイギリス人こそ咎《とが》められるべきで、自分たちに落ち度はないと言い張るのである。

このため六月二十二日、イギリス公使代理ジョン・ニールは薩摩藩と直接交渉するとし、七隻の軍艦とともに横浜を発って、鹿児島を目指す。

一方、薩摩藩側も藩内四十六箇所に台場を築き、集成館で鋳造した大砲を据えた。城下の各台場には二千人を超す兵士が配属され、他にも城下の守備兵や在郷警備など計四万五千人が動員されて、戦いの準備を進める。

六月二十七日、イギリス艦隊は平川沖に碇を下ろし、国書を示すが、七月二日に交渉は決裂した。

こうして台風が襲来する激しい風雨の中、天保山沖の砲台が火を噴き、それにイギリス艦が反撃して、三時間におよぶ激戦が繰り広げられる。突進してきたイギリスの旗艦ユーリアラス号は薩摩藩砲台の射程距離に入ってしまい、集中砲火を浴びせられ、艦長、副長をはじめ九人が戦死した。結局イギリス側は死者十三人、負傷者五十人、薩摩藩側は死者九人、負傷者六人を数えた。翌三日、イギリス側は戦死者を水葬して、錦江湾から去っていく。

藩主島津茂久はさっそく朝廷に報告する。朝廷からは「いよいよ勉励これ有り、皇国の武威海外輝くべく候様」との勅が下った。

薩摩藩は最新の近代兵器の威力を目の当たりにして、イギリスとの和睦を望むようになる。十月になって講和が成立し、薩摩藩は二万五千ポンドの賠償金を、幕府から借用して支払うことになった。イギリスも薩摩藩の持つ底なしの活力に驚く。

こうして両者は戦争を機に接近することとなる。

「八・一八の政変」

京都の政局を席巻した急進的な攘夷派は、文久三年（一八六三）八月十三日に大和行幸の詔《みことのり》を出させることに成功する。

大和行幸とは孝明天皇が大和の春日社（現在の春日大社）や神武《じんむ》天皇陵に参拝して攘夷を祈願し、あわせて攘夷親征（天皇が直接攘夷を指揮すること）の軍議を開くと布告したのである。ここまで来ると、征夷大将軍の仕事を否定したようなものである。こうして一気に討幕の気運を盛り上げようとの企みであった。このころ、長州藩が行幸を機に「征幕」を企んでいたことが、薩摩藩側の史料に見える。

しかし、天皇にすれば、征夷大将軍が職務に従い攘夷を実行すれば、それでよかったのである。幕府を倒そうなどとは、まったく考えていなかった。天皇は暴走する長州藩などを危険視するようになる。

ところがこのころになると、天皇の意は朝議を経て、「叡慮《えいりょ》」として表明されることがなくなっていた。すっかり攘夷派の操り人形にされ、その権威だけを利用されていたのである。ただ、勅が天皇のまったく知らぬうちに出されていたのか、知った上で出されていたのかは大きな問題なのだが、今となってはよくわからない（原口清『王政復古への道』平成十九年）。

ともかく天皇は密勅を出し、島津久光の上洛に期待するが、「生麦事件」の賠償問題、続く薩英戦争などがあり、なかなか実現しそうにない。そこで中川宮朝彦親王から在京の薩摩藩へ、続いて京都守護職の会津藩へと天皇の不満の声が伝わっていく。久光の意を承け、暗躍したのが薩摩藩士高崎正風《まさかぜ》である。

ちなみに、反幕勢力の拠点と化した京都の治安悪化を憂慮した幕府により新設されたのが、京都守護職だ。近畿地方の諸藩に動員を命じる権限も持つ。その任に就いた会津藩主松平容保《かたもり》が京都に乗り込んできたのが前年十二月であった。幕府が集めた浪士組から分裂した芹沢鴨《せりざわかも》や近藤勇《いさみ》の一派が新選組《しんせんぐみ》を組織して、配下に入ったことはよく知られる。

さて、天皇の真意を知った会津藩は、薩摩藩と手を結ぶ。さらに中川宮に相談し、急進的な攘夷に反対する前関白の近衛忠熙・忠房父子、右大臣二条斉敬《なりゆき》ら公卿たちも巻き込んでいく。

こうして八月十七日夜、中川宮は令旨を下し、非常事態ゆえ守護職、所司代に参内せよ、薩摩藩にも伝達せよと命じた。

翌十八日深夜、薩摩、会津の兵で守られた御所内において政変が起こり、朝になって諸大名に勅旨が伝えられる。大和行幸を延期し、国事参政、国事寄人を廃し、攘夷派公卿二十余人にひとまず禁足を命じるとの内容だ。また、長州藩は担当していた御所堺町《さかいまち》御門の警備を解かれ、藩士の御所内の出入りは禁止された。さらに京都の藩邸には留守居役のほか少数の者のみの残留を許すだけで、他は帰国するよう命が下る。

これが「八・一八の政変」だ。勅の権威により幕府を追い詰めた攘夷派が、今度は勅の権威により駆逐されてしまったのである。

長州勢は驚愕し、堺町御門に押し寄せたので、薩摩勢との間に一触即発の緊張が走った。攘夷派公卿の急先鋒だった三条実美らは親兵二千を率いて鷹司関白邸に押しかけ、事情を糺《ただ》そうとする。しかし、勅使が長州藩邸と鷹司邸に派遣され、退却が命ぜられた。

このため洛北の妙法院に退いた長州勢は三条をはじめ、三条西季知《さんじょうにしすえとも》、東久世通禧《ひがしくぜみちとみ》、壬生基修《みぶもとおさ》、四条隆《しじょうたか》謌《うた》、錦小路《にしきこうじ》頼徳《よりのり》、沢宣嘉《さわのぶよし》の七卿を護衛し、ひとまず国元に退却することになる（七卿落《しちきょうおち》）。久坂義助《よしすけ》（玄

都落ちした三条実美

瑞改め）などは「世は刈菰《かりこも》と乱れつつ」にはじまる今様《いまよう》を朗誦しながら、「いつしかくらき雲霧を、はらいつくして」と復讐を誓い、一同を励ました。

なお、天誅組《てんちゅうぐみ》という浪士集団が、大和行幸の先駆けになろうと、すでに挙兵していた。首将は十九歳になる攘夷派公卿の中山忠光《ただみつ》、三総裁は土佐の吉村虎太郎、備前の藤本鉄石《てっせき》、三河の松本奎堂《けいどう》である。彼らは八月十七日、大和の五條代官所を襲撃し、天皇の権威を楯にして幕府の代官を血祭りにあげた。ところがそこへ、京都から政変の知らせが届く。

後戻りできなくなった天誅組は十津川の同志を頼り抵抗を続けるが、高取城攻撃に失敗し、九月二十四日、東吉野の山中、鷲家口《わしかぐち》で壊滅した。数人の供に護られて虎口《ここう》を脱した中山忠光は長州藩に逃れたが、翌元治元年（一八六四）十一月一五日、反対派により暗殺されてしまう。

生野の変

政変により窮地に立たされた天誅組を救おうとした筑前浪士の平野国臣と北垣晋太郎《きたがき》（国道《くにみち》）は、文久三年（一八六三）九月二十八日、周防三田尻《みたじり》（現在の山口県防府市）を訪ね、七卿と長州藩に協力を求めた。北垣は但馬の豪農の息子である。日本海沿岸を警護するため農兵を組織し、調練をはじめていた。この農兵数千で挙兵し、天誅組に呼応しようというのである。長州藩は、表向きは彼らの申し出を断ったが、裏では黙認していたといわれる。

当時、奇兵隊総督は二代目で、河上弥市と滝弥太郎の二人が務めていた。河上は血気盛んな二十一歳。平野らの誘いに乗って、七卿の一人である沢宣嘉《さわのぶよし》を連れ出し、十月二日夜、三田尻を脱走した。従ったのは奇兵隊の井関弥太郎ら八人で、いずれも十代、二十代の若者たちである。

瀬戸内海を東に進んだ一行は十月九日、播州飾磨《しかま》（現在の兵庫県姫路市）に上陸した。ところがそこに、天誅組が吉野山中で壊滅したとの知らせが入る。平野らは自重論を唱え、挙兵中止を求めたが、河上や秋月《あきづき》脱藩の戸原卯橘《とはらうきつ》らは、あくまで挙兵を主張する。ひとまず但馬まで行き、人数を集めて大和へ赴いて、天誅組の残党と手を結んで弔い合戦をしようというのである。

結局、過激な河上らに引きずられる格好で、一行（三、四十人という）は但馬の生野（現在の兵庫県朝来市《あさごし》）を目指す。但馬は幕府直轄の天領や小藩領に細かく分かれており、支配力が希薄だった。また、代官所のある生野には銀山があった。もっとも当時の産銀量は落ち込んでおり、経済力目当てで生野を選んだとの説は、最近では疑問視する向きもある（前嶋雅光『幕末生野義挙の研究』平成四年）。

こうして生野に到着した一行は、十月十二日明け方、代官所を難なく制圧した。続いて近隣の村々から農兵が竹槍を携えて集まってきた。正午ごろにはその数は二千を超えたという（異説あり）。沢はここから京都に赴き、七卿と長州藩主の復権を訴えようと考えた。ところが、代官所からの急報で、出石《いずし》藩と姫路藩が鎮圧に乗り出した。京都守護職松平容保は、他にも柏原、宮津、福知山、豊岡、龍野藩にも出兵を命じる。そうなると、農兵たちが自分たちの置かれた立場を知り、震え上がった。彼らは、「お上」の命令で集められたと勘違いしている者が多かったのである。

沢は解散を決め、十三日夜に生野を脱出した（その後、四国や長州を転々して維新を迎える）。平野も逃れたが、上網場《かみなんば》村（現在の兵庫県養父《やぶ》市）で捕えられ、翌年七月、京都の六角牢で斬られた。やはり去ろうとする北垣に向かい、河上は「民間」を「正義」に加えたのが失敗だったと、声高に侮辱したという（前嶋雅光『幕末生野義挙の研究』平成四年）。武士と庶民との間を隔てる壁は、まだまだ厚かったのである。

河上ら十三人は生野の北、妙見山に籠もったが、農兵に追われ、十四日夕方、全員が切腹して果てた。現地に残されていた高札には、河上が「議論より実を行えなまけ武士　国の大事を余所《よそ》に見る馬鹿　皇国草莽臣南八郎」と書きなぐっていた。「南八郎」は河上の変名である。

孝明天皇の本心

政変により京都から追放された長州藩と七卿は、孝明天皇が自分たちを誤解したのであり、それは薩摩・会津藩といった「奸臣《かんしん》」の仕業によるものと考えた。

では、天皇の真意はどこにあったのだろうか。

政変から八日経った文久三年（一八六三）八月二十六日、天皇は在京の諸大名を集めて、親しく次のような勅書を下した。

「これまでの勅命に真偽不分明の儀これあり候えども、去る十八日以来申し出で候儀は、真実の朕《ちん》の存意に候あいだ、この辺、諸藩一同にも心得違いあるべからず」

勅書（詔勅）とは上級公卿が文案をつくり、天皇がそれを認めるといった手続きを経て発せられる公文書だ。十八日以降の勅はすべて本物というのだから、政変の正当性を天皇が公認したことになる。

ただし、それ以前のものは「真偽不分明」とは、いささか曖昧すぎる。自ら唱えた攘夷を、自ら腰砕けにした後ろめたさが感じられなくもない。このため、七卿や長州藩に問われていた「違勅」の罪も曖昧なものとなり、以後物議を醸し出す原因となっていく。

さらに神格化されていた勅の権威は、天皇自身が偽勅の存在を認めたことにより著しく低下していく。以後の政争では、たとえ勅が下っても不利な側は「偽勅だ」と決めつけて抵抗するようになる。だから、勅を通用させるため「武力」が必要になってくるのである。

もっとも、政変を機に天皇は京都守護職松平容保に対する信頼を強めたのは確かである。十月九日には次のような宸翰《しんかん》（天皇直筆の手紙）を与え、速やかに行動を起こし、憂慮を取り除いてくれた容保の活躍に感謝する。

「堂上《とうしょう》（上級公卿）以下暴論を疎《つら》ね、不正の処置増長につき痛心に堪え難く、内命を下せしところ、速やかに領掌《りょうしょう》（承知）し、憂患掃攘《ゆうかんそうじょう》、朕の存念貫徹の段、まったくその方の忠誠にて深く感悦のあまり、右一箱（天皇がつくった和歌が入っていた）これを遣わすものなり。

文久三年十月九日」

宸翰が武家に下るなど異例のことだ。容保は大いに感激した（これを含め、容保は四通の宸翰を孝明天皇からもらった）。宸翰は天皇の生の声が記された、私文書である。

詔勅（公文書）と宸翰（私文書）を比べると、両方が政変を認めていることがわかる。政変前、攘夷派が暴走したころは、この二つが正反対のことを述べているといった例が見られた。

長州藩の薩摩船砲撃

長州藩としては、孝明天皇が望んだ攘夷実行のために働いてきたのだから、功こそあれ、罪などないと考えていた。そこで天皇の誤解を解くため、藩主世子が上洛することになった。その先発として文久三年（一八六三）十一月八日、重臣井原主計《いばらかずえ》が「奉勅始末」と題した弁明書を持ち、京都を目指す。

「奉勅始末」には、これまで長州藩がいかに勅を奉じ、叡慮を重んじて行動してきたのか、そして幕府が攘夷実行に対し、いかに因循姑息《いんじゅんこそく》なのかが述べられている。だからこそ、藩主父子が天皇の前で弁明する機会を与えてほしいと訴えるのである。

長州藩に同情的な諸藩にも「奉勅始末」の写しを送って支援を求めたが、会津藩が朝廷に入説して、その弁明を阻止した。このため井原は伏見まで行っても、京都に入ることすら許されない。本来ならば長州藩が「勅」に逆らったか否かを取り調べ、その上で処分を決めねばならないのだが、その手続きが省かれてしまった。

こうした理不尽な処置が、かえって長州藩の態度を硬化させ、団結させてしまう。このころ、長州藩の血の気が多い者たちは、下駄の片方に「薩賊《さつぞく》」、もう片方に「会奸《かいかん》」と書き、踏みつけて歩いたとの逸話がある。

そして、血走った長州の兵士により十二月二十四日夜、関門海峡で停泊中の長崎丸が砲撃され、沈没するという事件が起こる（誤射との説もあり）。長崎丸は薩摩藩が幕府から借用中の蒸気船だったから、当然大問題となった。

元治元年（一八六四）一月三日、藩主慶親は特に下関警護の兵に対し、軽挙妄動を慎むよう戒めた。さらに同月八日、朝廷と幕府に事件を報告し、桂譲介《じょうすけ》を使者として鹿児島まで送り、平謝りに謝る。薩摩藩内には報復を叫ぶ者もいたが、久光が事を荒立てるのを嫌い、制止したのだという。

ところが二月十二日になると周防上関《かみのせき》（現在の山口県上関町）に駐屯していた長州藩の義勇隊士が、近くの別府浦《べふのうら》に停泊中の薩摩藩御用商人の船を襲い焼沈させ、船主大谷仲之進を殺害するという事件が起こってしまう。

長州藩の首脳部は、さすがに謝罪して許されるとは思わなかったようだ。そこで一計を案じる。犯人は不明だったから、まず、下っ端の隊士である水井精一《みずいせいいち》と山本文之進に因果を含めて上坂させ、自決するよう強要した。あまりにも酷い話に二人はいったん逃走したが、結局捕えられ、二月二十六日夜更け、南御堂《みなみみどう》前に持参した大谷の首級を晒し、切腹させられてしまう（拙著『長州奇兵隊』平成十四年）。

その際、掲げられた斬奸状《ざんかんじょう》には、薩摩藩御用商人の大谷が天皇の意に逆らい、外国人との間で綿や酒の密貿易を行っていたと暴露されていた。

世間における薩摩藩の評判は下がり、長州藩の株は上がる。当時、孝明天皇の信頼厚い島津久光が主導していた参与会議にも、悪影響がおよぶ。水井、山本の二人は「大忠臣」と称えられ、瓦版《かわらばん》まで売り出された。こうした世論操作は、久坂義助ら長州藩の首脳部が進めていたのだという。

宸筆の詔と参与会議

八・一八の政変後の朝廷の権力は空洞化しており、次はどのような形で運営していくかが模索されていた。

文久三年（一八六三）十月三日、鹿児島に帰っていた島津久光が朝廷の求めに応じ、一万五千の兵を率いて京都に上ってきて、孝明天皇の諮問に答えた。久光は雄藩の大名を参与として朝廷会議に参加させ、合議の結果を天皇が採決して、幕府が執行するという制度を築くことを提案する。

こうして同じ時期に京都に集められた一橋慶喜、松平容保、松平慶永、山内豊信、伊達宗城、そして久光ら有志大名が朝廷から参与を命じられた。ここにペリー来航以来試行錯誤を繰り返した、諸藩の合議制による中央政権が樹立される可能性が出てきたのである。

そのような状況の京都に、再び将軍徳川家茂が天皇との関係修復のため上ってくる。京都到着は元治元年（一八六四）一月十五日だ。

その月二十七日、天皇は家茂や在京の諸大名を御所の小御所《こごしょ》に呼び、宸筆（天皇直筆）の詔旨を与えた。これは三条実美らが「鄙野《ひや》の匹夫《ひっぷ》の暴説」を信じ、天皇の命を曲げて「軽率に攘夷の令を布告し、妄《みだ》りに討幕の師を興さんとし」たと非難する。

さらに長州藩の「暴臣」が理由もなく外国艦を砲撃、幕府使者を殺して三条ら七卿を藩地に引き込んだなどと、厳しく非難する。それでも天皇は、長州藩や七卿を野放しにしたことを「不徳の致すところ」と反省し、悪いのは長州藩主ではなく「暴臣」だともいう。家臣が主君を振りまわしている長州藩の実情は、天皇もある程度掌握していたらしい。

この宸筆の下書きはひそかに薩摩藩が作成したものではあったが、「勤王」「尊王」を唱えてきた長州藩にとっては、あってはならない詔だったことは言うまでもない。天皇から「暴臣」呼ばわりされた者たちは、のちのちまでこれを、薩摩藩が中川宮朝彦親王や近衛忠熙前関白と結んでつくった「偽勅」であると主張し続ける。その風聞が広まるや、久光は長州藩の二の舞になることを恐れ、中川宮に中立書を送り、草稿の採用を強願していないと述べている。

また、天皇は幕府側に参与大名と心を合わせ、皇運の挽回に勉めよとも伝えた。すでに参与会議ははじまっていたが、二月になると長州藩処分については関係者の大坂への出頭を命じ、拒否すれば討伐軍を差し向けるとの方向で決まる。

では、肝心の攘夷はどうするのか。天皇の攘夷への思いは、変わらないのである。しかし、もう破約攘夷などは有志大名の中で、誰も言い出さない。いっそ開国を認めるか、横浜を鎖港して攘夷を続けるのか。

久光をはじめ慶永、伊達宗城ら大半の参与は、開国を主張した。ところが、幕府を代表する慶喜は、攘夷を主張する。強要されたにせよ、すでに幕府は攘夷の方針を公表している。それが、またすぐ方針を覆したら、幕府の威信に関わるからだ。このため専制的な慶喜が久光らと対立した。

三月になると参与全員は辞任して、会議は分裂して合議制の可能性も消えてしまう。

三月二十五日、慶喜は将軍後見職を辞し、禁裏《きんり》守衛総督と摂海防御指揮を兼務することになった。禁裏とは御所のこと、摂海とは現在の大阪湾のことだ。いずれの任も重大である。こうして、一橋慶喜、京都守護職の会津藩主松平容保と、京都所司代の桑名藩主松平定敬《さだあき》（容保の実弟）の三者によって、「一会桑《いちかいそう》」と呼ばれる政権のようなものが京都に生まれるのである。

四月二十日、参内した慶喜に、幕府に大政委任すると再確認する勅が下った。これは以前から、幕府が強く望んでいたものであった。これにより、長州処分も幕府に任されることに決まる。ただし、横浜鎖港もしっかりやれとの条件つきである。

長州藩の京都進発

この間、長州藩内では一時、「俗論派」が政権を奪ったが、たちまち「正義派」が復権し、文久三年（一八六三）十月二十八日、政敵の坪井九右衛門《くえもん》を野山獄に斬った。続いて、武力を背景に嘆願し、失地回復を遂げようとする「進発派」と、実力を蓄えて時機を待とうとする「割拠派」とが対立する。

ところが進発を阻止しようとした高杉晋作や周布政之助が失脚したこともあり、進発派の勢いは止められなくなっていく。このころ、晋作などは、

「拙者は御割拠も真の御割拠が得意なり。進発も真の進発が得意なり。うわの（上辺だけの）割拠は不得意なり」

と述べている。勢いに任せて行動する者たちが多いことを、嘆いているのである。

京都では参与会議が解散し、大名たちの多くは国元に帰ってしまった。

元治元年（一八六四）一月から再上洛していた将軍徳川家茂も五月には江戸に帰っていく。

京都の中央政局は再び空洞状態になる。これを長州藩では「三奸退去」（三奸とは島津久光、松平慶

永、伊達宗城《むねなり》のこと）と呼び、進発の好機と考えた。攘夷を行ってきた長州藩に対し、同情を寄せる鳥取藩などの諸藩、朝廷関係者も少なくない。

長州藩では五月二十七日に家老国司《くにし》信濃に京都行が、同月三十日には家老の福原越後に江戸行が命ぜられる。さらに六月四日、京都進発が決定事項となり、世子毛利定広が兵を従え京都に上ることになった。ここで攘夷の方針を、国是としてはっきりさせたいとの狙いもある。

そんなおり、六月五日に「池田屋事件」が起こる。京都三条の旅館池田屋で密議をこらしていた長州系浪士などが新選組の襲撃を受けたのである。これにより長州の吉田稔麿《としまろ》、杉山松介《まつすけ》、肥後の宮部鼎蔵《ていぞう》、松田重助《じゅうすけ》、土佐の北添佶磨《きたぞえきつま》、望月亀弥太《かめやた》、播州の大高《おおたか》又次郎ら多数が殺傷された。

その知らせが届くや、激昂した長州藩の軍勢三千は上方《かみがた》を目指して進む。そして京都近郊の山崎、八幡、嵯峨野、伏見に陣を構え、朝廷に復権を願い、長州藩に同情的な諸藩の留守居役に陳情書を送る。

その際、長州藩は敵を京都守護職の会津藩に絞っていることを訴えた。会津藩は、長州藩の即時退京を求めている。

こうして長州藩対会津藩の「私闘」であるという印象が強くなり、巻き込まれるのを恐れた諸藩は傍観を決め込んだ。

ついに「禁門の変」

島津久光が提唱した参与会議は行き詰まってしまい、薩摩藩は中央政局を主導することができなくなった。そこで、沖永良部島《おきのえらぶ》に流されている西郷隆盛に、期待が寄せられる。西郷は久光との反りが合わないとはいえ、かつては島津斉彬の腹心として、政局の中で縦横に働いた人物だ。薩摩藩の活路を拓《ひら》いてくれるかもしれない。

そのように考えた久光側近の大久保利通らが熱心に働きかけた結果、元治元年（一八六四）二月、西郷は許されて鹿児島に帰ることができた。月末には、まだよく歩けない足を引きずり、旧主島津斉彬の墓に参っている。

続いて三月四日、西郷は海路、京都に向かう。十四日に入京、十八日には久光に面会して軍賦役《ぐんぷやく》に任ぜられた。以後、西郷は京都において薩摩藩の政治、軍事を代表する存在へと急成長していく。

西郷はこのたびのことは長州藩と会津藩の「私闘」「無名の軍」だと考え、静観を決め込むつもりであった。その旨を、久光とともに鹿児島に帰国した大久保にも書き送っている。だから、六月二十四日には幕府が京都の玄関口である淀への出兵を命じてきたが、西郷は即座に拒否した。幕命ではなく、朝命に従うとの方針を固めたのである。西郷は朝廷内で長州藩に対する賛同者が増えるのを恐れた。

孝明天皇の覚えめでたく勢力を拡大した会津藩は、ただでさえ公卿や諸藩から嫉妬されている。しかも将軍徳川家茂は長州藩に対し寛大な処分を行うと、天皇に約束していた。将軍家茂の代弁者と言うべき一橋慶喜も会津藩には同調せず、長州藩を説得すべきだと主張する。仮にも「尊王攘夷」を旗印に掲げている長州藩を討てば、世論が反発しかねないと考えたのである。

だから長州藩が攻勢を強めると、会津藩は孤立して追い詰められていく。それどころか、即時、長州征討を唱える物騒な会津藩を京都から追放せよとの意見も出てくる。あとは入京の勅許さえ出れば、長州藩の思惑は成功するかに見えた。

ところが六月二十七日、孝明天皇が勅を出して会津藩支援を表明し、長州藩入京を断固拒否したため情勢が変わってくる。

続いて七月十八日夜、天皇は慶喜を呼び寄せ、命に従わない場合は長州藩を追討せよとの勅を直々に下す。ここに「官」対「賊」という明確な色分けができた。西郷もまた勅が出たとなれば、戦う決意を固めざるをえない。

長州藩は決断を迫られた。そしてわずかな望みを託し、七月十九日早朝、京都に攻め込む。のちに「禁門《きんもん》の変」とか「蛤御門《はまぐりごもん》の変」とか呼ばれる戦いの勃発だ。京都へ入る三方から御所に進撃し、会津藩主松平容保の本拠を衝き、京都から駆逐して形勢を挽回しようとの作戦である。

福原越後率いる伏見方面の長州勢は、大垣藩兵などに竹田街道で撃破されたが、嵯峨・山崎方面の一千三百人ほどは御所めがけて殺到した。ところが御所を護る会津藩、薩摩藩をはじめとする十余藩の軍勢に撃退され、長州藩は二百人あまりの味方の死体を放置して敗走することになる。真木和泉、久坂義助、寺島忠三郎、入江九一《くいち》、来島《きじま》又兵衛といった、急進的な攘夷運動の指導者の多くが戦死、あるいは自刃などで命を落とす。桂小五郎は九死に一生を得て京都を脱出し、但馬（現在の兵庫県北部）に潜伏する。

また、戦火により京都の家屋が三万軒、それに多くの寺院や武家屋敷などが焼失した。これは「どんどん焼け」と呼ばれる。その規模は「変」の水準ではなく、京都中を火の海にした「戦争」であった。

土佐勤王党弾圧される

このころ、諸藩でも急進的な攘夷運動を行ってきた「志士」たちが、弾圧された。

最も有名なのは、土佐藩であろう。土佐藩では文久元年（一八六一）八月、いわゆる「土佐勤王党」が結成された。呼びかけたのは、江戸で長州藩の久坂玄瑞や薩摩藩の樺山三円から激しい攘夷論を吹き込まれた武市半平太だ。下級武士を中心とする約二百人が集まったが、坂本龍馬は九番目に名を連ねている。

盟約書は「堂々たる神州、戎狄《じゅうてき》の辱《はずかし》めをうけ、古より伝われる大和魂も今は既に絶えなんと、帝は深く嘆きたまう」にはじまり、自分たちが外圧を払わなければならないと訴えている。

ところが土佐藩は、孝明天皇から上洛して国事周旋するよう命じられたが、動かない。土佐勤王党は文久二年（一八六二）四月八日、幕府を重視し、上洛に反対していた重役の吉田東洋を暗殺する。こうして六月には京都に乗り込み、幕府方の要人などを次々と暗殺した。

天に代わって成敗する「天誅《てんちゅう》」だというのである。土佐は京都では長州、薩摩に続く後発だったから、焦りがあったのであろう。この時、武市の指令を受けて刺客として暗躍したのが、「人斬り」と呼ばれた岡田以蔵《いぞう》だ。さらには青蓮院宮（中川宮）の令旨をもらって、土佐藩内を改革しようと考えた。京都の空気を吸ううちに、天皇の権威を楯に使えば、下級武士でも藩が動かせると考えたのであろう。

こうした土佐勤王党の動きは、老侯山内豊信の逆鱗に触れた。弾圧がはじまり、武市らは帰国を命じられる。幹部たちは死罪に処せられ、慶応元年（一八六五）閏五月十一日には武市も切腹させられた。

このため多くの勤王党の政治運動家たちは、脱藩して他郷で活動することになる。

坂本龍馬や近藤長次郎の一派は、ひそかに薩摩藩の庇護《ひご》を受けることになった。薩英戦争の経験から海軍力充実が急務であると考える薩摩藩にとり、幕府軍艦奉行を務めた勝海舟の指導を受けた龍馬たちは、人材として必要であった。

桂浜に立つ坂本龍馬銅像（高知市）

あるいは「石川誠之助」と変名した中岡慎太郎《しんたろう》とその一派は周防三田尻に逃れ、三条実美ら都落ちした七卿に仕えた。中岡はのち、長州藩の復権を目指し、薩摩藩との提携実現に奔走することになる。

龍馬や慎太郎のように脱藩した土佐人たちは、薩長の庇護下に入り活動したが、犠牲も多く、後世徳富蘇峰に「土佐の人は時としては薩摩の芋畑を肥《こや》し、時としては長州の蜜柑《みかん》畑を肥しているのでございます」（徳富蘇峰『土佐の勤王』昭和四年）と評されることになる。

第四章

「薩長同盟」成る

長州藩が「朝敵」に

「禁門の変」で御所に攻め寄せ、発砲した長州藩に対し、孝明天皇は激怒する。戦場からは長州藩主父子の黒印軍令状も見つかった。こうして元治元年（一八六四）七月二十四日、長州藩を速やかに討つよう、天皇は幕府に命じた。

これを受けた幕府は、ただちに江戸、京都、大坂の長州藩邸を没収する。京都の藩邸の藩士は「禁門の変」の戦火にまぎれて全員が逃走。大坂の藩邸にいた藩士は、話し合いにより全員が退去した。ところが江戸の上屋敷（日比谷）と下屋敷（麻布）にいた藩士たちは全員幕府方に捕えられ、各藩の屋敷に預けられた。苛酷な扱いを受ける者も多く、二年ほどの間に五十一人が亡くなったという。若林村（現在の東京都世田谷区）の抱屋敷《かかえ》も没収され、同地にあった吉田松陰墓所は破壊されて、石材として十両ほどで売却された。

さらに幕府は西国三十四藩に向けて征長令を発し、「長州征伐」に乗り出す。征長軍総督には、尾張藩の前藩主徳川慶勝《よしかつ》が任ぜられる。「朝敵《ちょうてき》」となった藩主毛利慶親《よしちか》は従四位上大膳大夫《だいぜんのだいぶ》、世子毛利定広《さだひろ》は従四位下長門守という官位を奪われた。幕府も長州藩主父子から、将軍が与えていた偏諱《へんき》（授与された諱《いみな》）を奪う。これにより、将軍徳川家慶から一字もらっていた藩主の慶親は「敬親《たかちか》」になり、将軍徳川家定から一字もらっていた世子の定広は「広封《ひろあつ》」になった。

いわゆる「第一次長州征伐（征討）」は、こうしてはじまる。だが「征伐」というのは一方的だから、近年では「第一次幕長戦争」とか「第一次長州戦争」といった呼び方が定着しているようだ。それはそれでよいとしても、幕府対長州藩の戦いと学校の教科書で説明しているのは、いかがなものだろうか。これは、天皇対毛利家の戦いだ。しかし幕府を倒し、明治以降、天皇制国家で政治家や軍人として絶大な権力を握った長州人たちにとり、天皇と戦ったというのは大変不都合な事実、もみ消したい過去だったはずである。だから自分たちは古臭い、弱体化した幕府と戦って新生日本を築いたという面を強調して伝えたのであろう。その影響が、いまでも続いているのである。

四か国連合艦隊下関砲撃事件

関門海峡を封鎖されて、貿易上の不利益を被ったイギリス、アメリカ、フランス、オランダの公使たちは申し合わせ、長州藩に対して軍事行動に出ることに決めた。その気配があったからこそ、長州藩は京都に進発した。西洋列強と戦う前に、奉勅攘夷という大義名分を取り戻しておきたかったのだが、それは失敗に終わった。

イギリス・ロンドンに秘密留学中の井上聞多と伊藤俊輔は、こうした動きを現地の新聞で知り、ただちに帰国して長州藩政府に四か国相手に戦うことの無謀を説く。しかし、長州藩は攘夷という思想に凝り固まっており、二人の意見に耳を傾けようとはしない。それどころか、列強側に魂を売った変節漢として、二人は命を狙われるありさまだ。

元治元年（一八六四）八月五日午後、国東半島の北四キロメートルに位置する姫島沖に集結していた四か国連合艦隊は、三手に分かれて下関沿岸を目指し、進んだ。それはイギリス艦ユーリアラス号、フランス艦セミラミス号などの十七隻で、二百八十八門の砲を積み、総員は五千人ほどであった。そして午後四時ころからいっせいに砲撃を開始する。

一方、長州藩側は砲撃に備えて彦島から長府にかけての十五キロメートルにおよぶ海岸線に砲台を築き、総計百十七門の大砲を据えていた。奇兵隊の本隊は前田、支隊は壇ノ浦の砲台を守っていたが、いずれも激戦が繰り広げられた。

連合艦隊の砲撃の凄まじさは、奇兵隊士金子文輔《ぶんすけ》の日記「馬関攘夷従軍筆記」に「山鳴り谷対《こた》え百雷の一時に発するが如し」と記録する。あるいは敵弾をまともに受けて即死した隊士福田直右衛門の遺骸を見て、「身体粉砕体軀拾収《しゅうしゅう》（収拾）すべからず」と記す。刀剣などでの戦死者との違いを、目の当たりにした衝撃がうかがえる。こうして砲台は血の海と化した。

わずか一時間ほどで長州藩側の砲台の大半は沈黙させられてしまう。それから連合軍側の兵士が上陸し、前田茶屋砲台に据えられていた十四門の砲に釘を打ち込んで、使用不可能にしてしまった。

奇兵隊軍監の山県狂介《きょうすけ》（有朋）は得意の十文字槍を引っ提げて壇ノ浦砲台で戦い、負傷したという。山県は戦いの感想を後年、次のように語る。

「その携帯する所の利器を見て、兵の強弱は軍略の如何に係

壇ノ浦砲台跡から関門海峡を望む（山口県下関市）

ること勿論なれども、鉄砲の利鈍は大《おおい》に勝敗の数に関する事を明《あきら》かにせり」（山県有朋『懐旧記事　一』明治三十一年）

近代兵器の優位を痛感したというのだが、奇兵隊の幹部が、まだこの程度の認識しか持っていなかったことに、長州藩の実情がうかがえる。

井上聞多は「一つ腰骨の折れるまでやらさにゃあ不可《いか》ん」と考えるようになっていた（末松謙澄編『伊藤・井上二元老直話　維新風雲録』明治三十三年）。西洋文明に一度、徹底的に敗れることが、排他的な攘夷から抜け出せない長州藩を覚醒させるためには必要だったのである。

戦いは翌日、翌々日も断続的に続いたが、陸戦部隊の上陸まで許してしまい、関門海峡は四か国に完全に制圧される。

講和談判と賠償金

四か国連合艦隊と長州藩との講和談判は三回行われた。

元治元年（一八六四）八月八日の一回目は藩主代理と称して高杉晋作が出席し、連合艦隊の旗艦であるイギリスのユーリアラス号に乗り込んだ。家老の養子「宍《しし》戸刑馬《どぎょうま》」と変名し、はじめは「魔王」のような態度で意気込んでいた晋作だったが、キューパー提督などから藩主が署名捺印した和睦書がないなどと書類の不備を衝かれ、おとなしくなってしまったという。結局この日は、四十八時間の停戦を決めただけで終わった。

ところが晋作は講和反対を唱える攘夷派から命を狙われて、大休《たいきゅう》（現在の山口県山陽小野田市）に逃れる。だから、八月十日に行われた二回目には出席していない。この日は毛利登人《のぼる》や井上聞多が出席し、外国艦が下関で物資を購入できるなどの約束をした。さらに連合軍側は藩主の出席を強く希望する。

潜伏中、晋作は嘆息しながら伊藤俊輔に次のように語ったという。

「どうしても毛利家は亡びる。だから朝鮮へでも行って、他日毛利家の子孫を迎えて家を嗣《つ》ぐだけの事をやろうじゃないか」（小松緑編『伊藤公直話』昭和十一年）

朝鮮半島へ亡命し再起を考えるという感覚は、さすが古代から大陸の玄関口だった長州人ならではの発想と言えそうである。

三回目の談判は八月十四日に行われ、晋作を含む藩重臣重役たちが出席した。連合軍は藩主の欠席を責めたが、これに対し長州側は藩主は蟄居中なので出席できないと説明する。連合軍側は容易に納得せず激しい応酬が繰り返されたようだが、結局長州側が押し切った形になった。

この日、以後は外国艦通航の安全を保証すること、砲台を新築、修復しないこと、下関で水や食糧、石炭の補給を認めることなどが改めて取り決められた。連合軍側が下関沖の彦島を租借させろと要求するも、晋作が突っぱねたという逸話があるが、つくり話であろう。連合軍は領土や植民地を求めて戦ったのではない。

ただし、連合軍が提示した賠償金三百万ドルの支払い要求を、長州藩側が受け付けなかったのは事実である。これは外国艦砲撃は、天皇の意に従って将軍が定めた攘夷期限を忠実に実行した結果であり、責任は幕府にあるとの理屈による。

連合軍がこんな理屈をあっさりと認めたのは、よく言われるように長州側や晋作の態度に震え上がったからではない。別に合理的な理由があったのである。

言われたとおり連合軍は、賠償金を幕府に請求するのだが、その際に「下関あるいは内海における他の適当な港の開港」という選択肢も加えた。幕府は財政難に苦しんでいる。だから、下関を国際貿易港として開くことを、賠償金支払いの代わりに認めるのではないかと考えたのである。下関は天領（幕府直轄地）ではないから、普段なら幕府が認めるわけがない。また、「他の適当な港」とは、孝明天皇が反対するため開市開港が遅れていた大坂や兵庫のことであろう（石井孝『増訂明治維新の国際的環境　分冊一・二』昭和四十八年）。ところがこの目論見ははずれ、幕府は賠償金を支払うほうを選ぶ。

後年、イギリスの通訳官として戦いに加わったアーネスト・サトウは次のような感慨をもらしている。

「長州人を破ってからは、われわれは長州人が好きになっていたのだ。また、長州人を尊敬する念も起こってきていたが、大君《タイクーン》（将軍）の家臣たちは弱い上に、行為に表裏があるので、われわれの心に嫌悪の情が起きはじめていたのだ」（坂田精一訳『一外交官の見た明治維新　上』昭和三十五年）

勝敗を度外視して立ち向かってきた長州藩に、連合軍が敬意を抱いたというのである。なにかと言えば開国の方針がぶれる幕府という政権に対する期待は薄れ、日本に新しい政権が誕生する予感が芽生えていたのであろう。

長州藩の政権交代

元治元年（一八六四）七月に京都、八月に下関で敗れた長州藩内では大きな政権交代が行われる。それまで「奉勅攘夷」を掲げて藩政を主導してきた「正義派」に代わり、「俗論派」が台頭した。

そもそも「正義派」と「俗論派」の争いは、天保の改革をめぐる対立に端を発する。村田清風ら急進派は自らを「正義派」と呼び、民意を反映した上でそれを是正する坪井九右衛門ら改革派のことを「俗論派」と呼んだ。幕末になると、村田の直系が周布政之助、坪井の直系が椋梨藤太《むくなしとうた》である。「長州征伐」が行われると知るや、純一恭順を唱える「俗論派」は萩から山口に押しかけて藩主敬親に詰め寄り、これを藩主一門の吉川経幹《きっかわつねまさ》（監物《けんもつ》）らが支持した。元治元年（一八六四）九月下旬になると、失政を責められた「正義派」はほとんど藩政府から一掃され、代わりに政務役・国事用掛に就任した椋梨率いる「俗論派」が握る。

追い詰められた「正義派」の首領である周布は九月二十五日夜、山口矢原《やばら》で自刃。前日の二十四日夜には、御前で武備恭順を説いた井上聞多が「俗論派」の刺客に襲われ、瀕死の重傷を負っている。

一方、征長総督徳川慶勝は十月二十二日、大坂城で軍議を開き、十一月十八日をもって総攻撃と決めた。この時、薩摩藩から参謀格で征長軍に加わって

周布政之助

いたのが西郷隆盛だ。西郷は長州藩が内部分裂しているのは天の賜であり、強硬策はかえって敵の長州藩を団結させるとし、帰順策を進めるよう説き、慶勝もこれに同意した。

薩摩藩は吉川経幹を通じ、長州藩に恭順をすすめた。京都に攻め込んだのは家臣の行った暴挙と理解しているので、寛典《かんてん》に浴するよう薩摩藩が尽力するというのである。西郷自身も長州藩領に乗り込み、吉川や諸隊幹部に会い、京都進発の責任者として益田右衛門介、福原越後、国司信濃の三家老の首級を差し出し、恭順謝罪する道をすすめる。

実は「禁門の変」直後、西郷はこれを機に兵力によって狡猾な長州藩をつぶそうと、積極的に考えていた。八月一日、西郷は長崎で西洋列強から軍艦二隻を借りてはどうかと、鹿児島の大久保利通に手紙で驚くべきことを提案している。四か国連合艦隊との戦いの後も、やはり西郷は征長の早期実現を熱望し、たとえ長州藩が降伏しても、わずかな領地を与えて東国に転封させるくらいの措置をとらねば将来に禍根を残すとも言う。

その西郷の方針が大きく変わったのは、征長軍出兵の準備が進む九月十五日、大坂で幕臣の勝海舟と会ったからである。

当時、軍艦奉行の勝海舟は神戸に前年開かれた海軍操練所を拠点に、海軍建設のため活動していた（ただし幕府内で敵が多かった勝海舟は十月二十二日、江戸召還を命じられ、軍艦奉行を罷免される）。

西郷は勝海舟から、政権担当の実力を失った幕府の腐敗ぶりを聞かされた。勝海舟の影響を受けた西郷は、認識を大きく変えていく。西郷は九月十六日、大久保あての手紙の中で勝海舟のことを「実に驚き入り候人物」「英雄肌合の人」「ひどくほれ申し候」などと絶賛する。幕府独裁をやめさせ、有力大名を主体とする「共和制」実現のためには、長州藩を脱落させてはならない、長州藩を討てば幕府の権威の回復、さらには強化につながると気づく。また、列強が近く摂海（現在の大阪湾）にやって来るとの情報がある中での内戦は、避けねばならなかった。

現に元治元年（一八六四）九月、長州藩を追い落として自信を取り戻した幕府は、緩和していた参勤交代の制度を復旧させ、権威回復に向けて動いている。薩摩藩の島津久光などは、これでは幕府が諸大名に軍備充実を奨励したことと矛盾するとの意見書を出したほどだ。

孝明天皇の意向は、幕府が「粗暴の所置」を行わぬよう、薩摩藩が周旋せよというものだったという。西郷の現地からの報告は、京都にいる小松帯刀に伝えられる。それを受けた小松は朝廷や江戸の幕府に向け、「寛大」な措置で済ますよう周旋する。もっともこの時の「寛大」とは、十万石の削減などであった（高村直助『小松帯刀』平成二十四年）。

高杉晋作の挙兵

長州藩内では「俗論派」が征長軍に対して恭順の意を表すため、「正義派」の弾圧に乗り出した。奇兵隊をはじめ諸隊は解散を命じられ、「正義派」要人は野山獄に投ぜられる。

元治元年（一八六四）十一月十一日から十二日にかけて、京都進発の責任者（参謀）である竹内正兵衛、中村九郎、佐久間佐兵衛、宍戸左馬之介の四人が野山獄で斬られ、益田、福原、国司の三家老が切腹させられた。数か月前は君命で京都に行かされ、今度は君命で死ねと言われたのだから、死ぬ者たちにすれば理不尽な話だ。しかも「不忠」の罪というのだから、やりきれない。

三家老の首級は広島城下の国泰寺《こくたいじ》に置かれた征長軍本営に運ばれて、首実検が行われた。これにより、計画されていた総攻撃は延期となる。

そして解兵条件として、山口城（長州藩が幕府に無断で築いた城）の破却《はきゃく》、藩主父子の自筆謝罪状提出、五卿（このころ七卿は沢宣嘉が脱走、錦小路頼徳《にしきこうじよりのり》が病死し、五卿になっていた）の引き渡しが命じられた。

そんなおり、九州筑前に逃れていた「正義派」幹部の生き残りである高杉晋作が、下関に帰ってくる。近くの長府城下には、奇兵隊をはじめ諸隊が駐屯していた。彼らは三条実美ら五卿を擁し、藩政府と交渉して解散命令を撤回させようと、抵抗を続けていたのである。

晋作は諸隊に武力による政権奪取を提案したが、反対される。ところが、晋作は「長州征伐」が終わりに近づき、五卿の九州移転も決まった十二月十五日、「俗論派」打倒のため、遊撃軍、力士隊などの八十人（人数については異説あり）を率い、下関で挙兵する。下関新地にあった藩の会所を襲撃、占領し（下関挙兵）、さらに三田尻の藩海軍局で軍

長嶺武四郎作『回天』（著者蔵）。高杉晋作の下関での挙兵をイメージしている

艦を奪った。このため「俗論派」は、野山獄に投じていた前田孫右衛門、毛利登人《のぼる》、渡辺内蔵太《くらた》、山田亦介《またすけ》、松島剛蔵《ごうぞう》、楢崎弥八郎、大和国之助《やまとくにのすけ》の「正義派」要人七人を処刑する。

やがて年が明けるや、傍観していた奇兵隊などの諸隊も立ち上がり、各地の代官所を掌握する一方、萩から攻め寄せてきた鎮圧軍を相手に、山間部の大田《おおだ》、絵堂《えどう》（現在の山口県美祢《みね》市）で激しい戦いを繰り広げた。諸隊軍は各地で「俗論派」の藩政府軍を打ち破っていく。

敗色が濃くなった「俗論派」は最後の切り札として、藩主世子に出馬を要請した。これに対する諸隊幹部たちの反応が面白い。鴻城《こうじょう》軍総督の井上聞多は世子が鎮圧に来るのなら、自分たちは割腹して謝罪すると言い出す。井上は藩主側近を務めたこともある、れっきとした譜代の士なのである。主君に矢を向けることができない。

ところが、中間という下級武士から身を起こした奇兵隊軍監の山県狂介は、動揺しなかった。山県は、自分たちは「洞春公神霊」と大書した紙片を掲げ、生身の世子に対抗すればよいと提案する。洞春公とは戦国武将で、毛利家中興の祖とされる毛利元就《もとなり》のことだ。

家臣にとり藩主や世子は、絶対的忠誠の対象であるはずである。ところが、それに紙切れ一枚で対抗しようとする山県は、権威や権力の本質を見抜いていたのであろう。この山県狂介が、明治になり天皇制近代国家建設の立役者となる「山県有朋」の若き日の姿であることは言うまでもない。

結局、世子の出馬は実現しなかった。萩では鎮静会議員という二百人からなる中立派が結成され、政権交代を進めていく。「俗論派」は藩政から退けられ、代わりに「正義派」が復権。逃走した椋梨は石見津和野藩領で捕えられ、萩の野山獄で斬首された。

慶応元年（一八六五）二月十九日から萩城内で大会議が開かれ、二十二日からは三日間祭事が行われて、藩主父子は自らの「不明不徳」を先祖の霊に対して謝罪する。

こうして長州藩は再び「正義派」がその実権を握ることになった。

ただ、問題も起こった。政権交代が実現されるや、奇兵隊など諸隊が独自の意思を持ちはじめ、山口に集まり藩政府を監視しはじめたのだ。晋作らはれっきとした藩士からなる干城隊《かんじょうたい》を結成させて諸隊の頂点に立たせる。干城隊の号令がなければ諸隊が動けないようにしようという構想だが、これはうまくいかなかった。ただ諸隊を攻めてくるであろう外敵に備えるため、藩内各所に分散させて力を殺《そ》ぐことは実行された（拙著『高杉晋作　情熱と挑戦の生涯』平成二十六年）。

「朝敵」の烙印は消えず

山口城を壊し、藩主父子が謝罪したため、征長軍は長州藩の恭順を認めた。そして藩内戦には介入せず、元治元年（一八六四）十二月二十七日には諸藩の軍勢に撤兵令を出し、それぞれの国元へ引き上げさせた。

五卿は当初、福岡、薩摩、熊本、久留米、佐賀の五藩が分割して引き受けるはずであった。しかし、五卿側の強い希望により、福岡藩が一藩で預かることになる。慶応元年（一八六五）一月十四日、長府を発った五卿は九州に渡り、赤間を経て太宰府（現在の福岡県太宰府市）へと移っていく。これらは内戦回避を願う福岡藩士月形洗蔵《つきがたせんぞう》らが西郷隆盛らを動かして実現したものであり、薩長両藩の接近にも五卿は一役買うことになる。月形は長州側にも西郷の真意を伝え、提携をすすめた。

こうして「長州征伐」は一段落ついたかに見えたが、「朝敵」の烙印が消えたわけではない。ここが大変重要な点だ。以後、慶応三年（一八六七）十二月の「王政復古」までの二年半、長州藩にとって最大の課題は「朝敵」の汚名を除き、いかにして復権するかである。「討幕」や「維新」を目指し動くような余裕はない。

藩内で政権交代が行われたと知るや、「禁門の変」後、行方をくらましていた桂小五郎が但馬から帰国し、五月二十七日には政事堂用掛および国政方用談役心得勤務を命ぜられ、藩政の第一線に復帰した。また、西洋兵学に通じた村田蔵六《ぞうろく》（大村益次郎）が抜擢され、軍制改革を指導したので、長州藩の軍隊は徹底して洋式化されていく。

萩の宗藩（本藩）の下、長府、徳山、清末の各支藩、さらに一門の吉川家も加わり、挙藩一致体制が築かれ、藩是は「待敵《たいてき》」で定まった。

閏五月二十七日、桂小五郎が長州藩士杉孫七郎にあてた手紙によると、「待敵」とは、長州藩が「公明正大の大義」をもって朝廷と幕府に「応接」しても、理不尽に「四境」へ迫ってくる時は「いか様判然と正義」をもって抗戦する覚悟ということである。六月五日には藩内に待敵令が出され、庶民にまで伝えられていく。

高杉晋作などは「赤間関（下関）も断然国体を愧《は》じしめさざるよう開港すべし（中略）五大洲中へ防長の腹を推《お》し出して大細工をせねば大割拠《だいかっきょ》は成就致さずならん」と、長州藩を幕藩体制下から独立割拠させようと提案しているほどだ（慶応元年〈一八六五〉二月二十三日、大田市之進ほかあて書簡）。

一方、幕府内では長州憎しとの感情が根強く続いており、不戦解兵を非難する。そして「長州再征」を望む声が高まっていく。

薩摩藩の軍備強化

文久三年（一八六三）七月の薩英戦争により、薩摩藩は軍艦三隻を失ったのをはじめ、多くの砲台も破壊されて軍事的大打撃を受けた。このため、ただちに再建に取り組む。

戦いからわずか半月あまり後、薩摩藩は小松帯刀を長崎に派遣し、アメリカの外交官兼貿易商を通じて蒸気船や大砲の購入の交渉に入った。

蒸気船はとりあえず琉球貿易用の安行丸を購入したのを皮切りに、元治元年（一八六四）には平運丸、胡蝶丸、翔鳳丸、乾行丸、豊瑞丸という五隻の蒸気船を購入。代価は合計で二十数万両とされ、その多くは奄美三島などの砂糖が充てられたという。続く慶応元年（一八六五）にも開聞丸、万年丸、桜島丸、三邦丸と、立て続けに蒸気船を購入して、海軍力を一気に充実させている。大砲はマカオにあるアメリカ鋳鉄製の八、九門を四万両あまりで、グラバーを通じ、発注した（高村直助『小松帯刀』平成二十四年）。

薩英戦争により集成館の大半は焼失したが、翌年の元治元年（一八六四）十月から再興がはじまる。藩主島津斉彬の道楽のように考える者までいた集成館の真価が、西洋列強の脅威に晒されることで理解されるようになっていく。新しい集成館は反射炉を設けず、鋳砲場を建設。またオランダから蒸気工作器械を購入し、慶応元年（一八六五）三月には石造平屋建ての工場を新築した。

人材育成にも力が注がれる。元治元年（一八六四）六月には海陸軍の洋式軍事教育をおもな目的とする開成所が設けられた。斉彬の時代に計画され、実現しなかった洋学校が必要とされる時代がやって来たのである。母体は海軍蒸気方であり、軍事研究教育機関であった。校名は易経の「開物成務《かいぶつせいむ》」による。実は幕府も前年に江戸に同名の洋学校を開いていたから、対抗意識があったのかもしれない（門田明『若き薩摩の群像』平成二十二年）。

そのころ、五代才助が貿易により富国強兵をはかるべしとの長文の意見書を提出する。五代は薩英戦争の際、松木弘安（寺島宗則《むねのり》）とともにイギリス側に捕われたが、横浜で解き放たれた後、誤解を受け関東や長崎に潜伏していた。意見書で五代はイギリスやフランスへ秘密留学生を派遣するよう述べる。続いて開成所の蘭学教授石川確太郎も、優秀な生徒を江戸や長崎ではなくイギリスへ送るよう意見書を出す。薩摩藩士の海外留学は、亡き藩主斉彬の遺志でもあったのである。

こうして慶応元年（一八六五）三月、イギリスへ密航留学生派遣が決まった。開成所の生徒を中心に、町田民部（久成《ひさなり》）、村橋直衛《なおえ》（久成《ひさなり》）、畠山義成《よしなり》、名越平馬《なごしへいま》（時成《ときなり》）、鮫島尚信《さめしまなおのぶ》（誠蔵）、田中静洲《せいしゅう》（朝倉盛明《もりあき》）、中村博愛《ひろなり》、森有礼《もりありのり》、吉田清成《きよなり》、市来《いちき》勘十郎（松村淳蔵《じゅんぞう》）、高見弥市《やいち》（大石団蔵《だんぞう》）、東郷愛之進《あいのしん》、町

薩摩藩の留学生が旅立った羽島（鹿児島県いちき串木野市）

田中四郎《しんしろう》、町田清次郎《せいじろう》、磯永彦輔《いそながひこすけ》（長沢鼎《かなえ》）の十五人が選ばれた。これに新納刑部《にいろぎょうぶ》（久脩《ひさのぶ》）、松木弘安《こうあん》（寺島宗則《むねのり》）、五代才助、堀孝之《たかゆき》の外交および経済使節が随行することになった。彼らは後世「薩摩スチューデント」と呼ばれる。

四月十七日、ひそかに羽島から船出した一行は香港、スエズ、ジブラルタルなどを経て、およそ二か月を費やしてロンドンに到着、学問をはじめた。やがて、その成果が明治日本のさまざまな分野に活用されることになる。

武器不足に悩む長州藩

長州藩は内戦後、「待敵」を藩是としたものの、武器不足が深刻な悩みとなってくる。軍政改革担当の村田蔵六（大村益次郎）は徹底した洋式化を考えたが、そのためには、一万挺の小銃が必要であった。下関を国際貿易港として開けば問題は解決するが、そんなことは幕府が認めるわけがない。

そこで、高杉晋作は長州藩とイギリスが幕府の頭上を飛び越して直接条約を結び、下関開港を実現すればよいと提案する。イギリスは前年八月に干戈《かんか》を交えて以来、長州藩に対し好意的であった。藩から許可（表向きは英学修業のための横浜行き）と旅費を引き出した晋作と伊藤俊輔は、慶応元年（一八六五）三月二十一日、ひとまず長崎に赴く。

長崎でイギリス領事ガワーに面会した晋作らは、藩主が下関開港を望んでいると告げた。そして、長州藩から全権使節を派遣し、イギリス政府と交渉したいので、外相に伝えてくれるよう頼む。ところがガワーは、この申し出を断った。イギリスとしても表立って長州藩に肩入れするのは、時期尚早と判断したのであろう。

次に晋作と伊藤は洋行を企んだが、結局中止して長州に帰る。すると今度は、下関開港論が露見してしまった。実は下関の大半は、萩の毛利宗家の直轄地ではない。支藩である長府藩の領地である。憤慨した長府藩の排他的な攘夷派は、晋作らの命を狙った。やむなく晋作は愛人うのを連れて長州を脱出し、四国琴平の博徒日柳燕石《くさなぎえんせき》のもとに潜む。日柳は博打も打つが国学に通じ、詩文もよくするという変わり種である。一身をなげうって晋作を匿《かくま》うと約束してくれた。同じ理由から下関を脱出した井上聞多もまた、別府の俠客《きょうかく》、灘亀《なだかめ》のところに潜伏しているから、「志士」たちには何らかの裏社会のつながりがあったのであろう。

五月になると、幕府寄りのフランスの主唱により、イギリス、フランス、アメリカ、オランダの列強が日本に対する密貿易禁止を申し合わせた。これにより、開港地に立ち入りが許されない朝敵の長州藩は、さらなる窮地に立たされることになった。

そこへ登場するのが、薩摩藩の庇護下にあった坂本龍馬である。龍馬は鹿児島から熊本、大宰府などを経て、閏五月一

高杉晋作が匿われたという呑象楼（香川県琴平町榎井）

日、長州下関にやって来た。そして桂小五郎を呼び出し、薩摩藩の西郷隆盛に会うようすすめた。このころ幕府独裁を批判する薩摩藩は幕府から距離をとり、長州藩への接近を模索しはじめている。また、中央政局へ強い野心を抱く薩摩藩にとり、関門海峡を擁する長州藩と対立するというのは不利であった。

ところが海路上方《かみがた》に向かう途中、下関に立ち寄るはずの西郷は、なぜか姿を見せない。最初の薩長会談はこうして頓挫した。

面目をつぶされた桂は憤慨する。しかし、したたかな桂は外国商人から長州藩が武器を購入する際、薩摩藩名義の使用を認めてもらいたいと龍馬に斡旋を依頼した。

長州再征はじまる

長州処分をどうするか。西郷隆盛などは有志大名を京都に集めて討議させ、それを機に共和政体へと向かわせようと考える。一会桑政権を代表する慶喜も、長州処分に限っては同意見であった。

幕府としては、長州藩主父子と五卿を江戸に呼びつけて処分を断行し、一気に権威復旧を果たしたいところである。京都の政情に疎い小栗上野介《おぐりこうずけのすけ》らは強硬論を唱えたが、うまくいかない。

結局、朝廷から将軍家茂に上洛するよう沙汰が出た。そこで前尾張藩主徳川茂徳《もちなが》に征長先鋒総督、彦根・高田両藩に先鋒、紀州藩など十一藩に従軍が命じられた。

将軍家茂の行列は慶応元年（一八六五）五月十六日、神君家康が関ケ原に進発したのと同じ馬標を掲げて江戸城を発ち、長州再征のため東海道を京都に向かう。

これにつき、西郷隆盛は小松帯刀にあてた手紙に「幕威を張るどころの事にはござあるまじく、これより天下の動乱と罷《まか》り成り、徳川氏の衰運この時と存じ奉り候」と冷ややかに述べ、このたびの将軍進発が幕府にとって不利益になることを予測している。

閏五月二十二日、京都に入り参内した将軍家茂は、孝明天皇に長州藩を討たねばならない理由を説明した。家茂によると長州藩は服罪したにもかかわらず激徒が再発し、ひそかに家来が外国に渡って大砲、小銃などの兵器を大量に揃え、そのうえ密貿易まで行っている、その確証を得たというのである。

ところが、あれほど長州藩を嫌っていた孝明天皇は衆議に応じて決めよと、長州再征をただちには許可してくれない。長州再征については多くの大名たちが、大義名分が希薄であると反対していた。幕府の好き放題にはさせないといった空気が、京都を中心に満ちていたのである。

このため将軍家茂は大坂城にとどまり、天皇の意思と自分たちの意思との間に横たわる溝を埋める作業に、取り組まねばならなくなった。本来ならば将軍である家茂は、天皇がなんと言おうがこのまま山陽道を突き進み、長州藩を攻めてもよいはずだ。事実、幕府内ではそのような意見もあった。だが家茂には、それができない。幕府は条約調印の時と同様に、またも勅許にこだわり躓《つまず》く。

この時期の長州藩の軍備はまだまだ不足しており、将軍家茂が動いて一気に攻め込めば、勝利することができた可能性は大きい。長州藩が外国から武器を大量に輸入したのは、実はこの後のことだ。

なお、将軍家茂を追いかけて九月十六日、イギリス、フランス、オランダ、アメリカの九隻からなる艦隊が、横浜から突如、兵庫沖に姿を現す。兵庫開港を求め、幕府に圧力をかけたのである。

追い詰められた幕府では、慶喜が参内して条約勅許を奏請する。十月五日、孝明天皇は締結から七年を経て、ようやく条約を勅許した。ただし、肝心の兵庫開港だけはどうしても許さなかったため、大きな問題を残すことになった。一応の成果ありと見た艦隊側は、兵庫沖から去っていく。以後、勅許なしの開国を行ったとの理由で幕府を非難することはできなくなった。

長州藩の武器購入

将軍徳川家茂が大坂で足止めを食っている間、長州藩では桂小五郎が井上聞多と伊藤俊輔を長崎に派遣し、武器購入にあたらせた。場合によっては上海まで二人を渡らせて、購入しようと考えていた。

慶応元年（一八六五）七月二十一日、長崎に到着した井上と伊藤はまず、亀山社中《かめやましゃちゅう》を訪ねる。亀山社中とはこの年五月、薩摩藩の庇護下に生まれた土佐人を中心とする浪人結社だ。

当時、社中を取り仕切っていたのは上杉宋次郎《うえすぎそうじろう》こと近藤長次郎や高松太郎らである。土佐の饅頭

井上聞多（馨）

屋に生まれた近藤は学問に長じ、藩から名字帯刀を許されたほどの人物だ。近藤らは井上、伊藤を長崎に滞在していた社中の黒幕的存在である小松帯刀に引き合わせた。小松は二人の話を聞き、長州藩の武器購入に協力すると約束してくれる。

　こうして薩摩藩の協力を得た長州藩は、グラバー商会から小銃七千三百挺を購入した。さらには所属問題をめぐって紆余曲折あったが、木造蒸気船ユニオン号を購入することも成功する。当時、長州藩は木造帆船の軍艦三隻しか所持していなかったから、これは心強い。将軍家茂が大坂で勅許を得ようともたもたしているうちに、長州藩の戦力は一気に強化されていく。

　長州藩は八月七日の御前会議で、薩摩藩との提携を決定した。

　一方、薩摩藩の中には朝敵の長州藩と提携し、幕府の嫌疑を受けることを恐れる声も当然強かった。そこで井上は小松のすすめで七月二十八日、長崎から海路鹿児島まで行き、家老の桂右衛門（久《ひさ》武《たけ》）や大久保利通、伊知地壮之丞《いじちそうのじょう》らと会談し、お互いの意向を確認する。井上は「世界の大勢を察するに、我が皇国を永遠に維持せんとすれば、幕府の権力を打破して、大政を朝廷に帰し、以て国内の統一を図り、而《しか》して開国の宏謨《こうぼ》を定め、海外

大久保利通（一蔵）

各国と対峙せざるべからず」との持論を説いたという（中原邦平『井上伯伝　四』明治四十年）。

この、鹿児島におけるはじめての薩長両藩士による会談はあまり知られていないが、もっと重視されてもよいだろう。

帰国した井上から報告を受けた長州藩主父子は九月九日、薩摩藩主父子に礼状を出す。そこには、昨年来「貴国と彼是不信の次第に立ち至」った不幸を嘆き、「このたび、貴国へまかり出で候家来の者（井上）よりご様子委細承知致し、万端氷解候」と述べられている。これは、藩という組織の代表者の言だけに重要だ。薩摩・長州両藩の和解は、こうした経済活動を経て大きく進展を見せる。

「薩長同盟」締結される

慶応元年（一八六五）九月二十一日、将軍家茂は長州藩の支藩主が大坂までの呼び出しに応じないなどの理由で、孝明天皇から長州再征の勅許をようやく引き出した。

ところが薩摩藩は大義名分がないと、勅を出すことに反対する。そのことを朝廷側に伝えた大久保利通は九月二十三日、西郷隆盛あての手紙に、

「非義の勅命は勅命にあらず候」

と有名な一節を書いた。天皇の意思は絶対ではなく、自分たちに不都合な勅は認めないというのが本音なのである。

西郷はこの手紙を薩摩藩の方針を証明するものとし、写しを坂本龍馬に持たせて長州藩に届けさせる。龍馬は薩摩藩が勅許撤回のための兵力を京都に送るので、兵糧米を下関で調達してほしいと

長州藩側に依頼し、承諾された。だがこの時、薩摩藩兵の上洛は、藩内で反対が多くて実現しなかった（翌慶応二年〈一八六六〉三月、長州藩は五百石の米を薩摩藩に提供している）。

さて、ようやく勅許を得た幕府だが、即攻撃を開始するわけではない。長州藩が出てこないのなら、幕府側から出向いて取り調べ、その結果を孝明天皇に報告した上で、処分を決めるのである。

そこで十一月十六日、問罪使《もんざいし》として大目付の永井主水正《もんどのしょう》（尚志《なおゆき》）らが広島まで赴き、長州藩の代表者を詰問したが要領を得ない。

こうして慶応二年（一八六六）一月二十二日、一橋慶喜らは御所で長州処分案を奏請し、翌日、勅許を得た。それは長州藩主の隠居、世子の永蟄居《えいちっきょ》、十万石の削除という幕府としては精一杯の譲歩である。さらに幕府はこの処分を長州藩に伝え、実現させねばならなかった。

同じころ、長州藩の木戸孝允が京都に潜入していた。木戸とは、桂小五郎のことである。孝允は諱《いみな》（本名）だ。前年九月、長州藩は幕府方から目をつけられていた桂小五郎を木戸準一郎（のち寛治）、高杉晋作を谷潜蔵《せんぞう》という別人に仕立て、追及から逃れようとした。

薩摩藩と長州藩の接近は進展したが、二つの藩の立場はまったく異なる。次は「朝敵」の長州藩を、中央政局に影響力を持つ薩摩藩がいかにして救うかが課題になってきた。それを打ち合わせるため、木戸は京都に上ってきたのである。

木戸の「自叙」によると、西郷隆盛や小松帯刀ら在京の薩摩藩幹部と会談を重ねたが、膠着状態が十数日続いた。そこに坂本龍馬が飛び込んできて、帰国しようとする木戸をなじったという。それでも木戸は長州藩の誇りを主張し、聞き入れようとしなかった。このあたりを木戸は「自叙」に具体的に書き残していないため、薩長どちらが先に頭を下げるかで意地を張り合っていたのを、龍馬が一喝して解決に至らしめたという「龍馬英雄伝説」が、後年になり生まれた。

木戸が問題にしたのは、いずれ勅として突きつけられるであろう「長州処分」を、長州藩が呑むか否かであった。西郷たちにすれば、長州藩が処分を一応承服すれば、やがて上京も許され、復権も可能になると考えている。

ところが、長州藩を代表する木戸は、これを拒否した。長州藩は最初の「長州征伐」で三家老を切腹させるなどして、すでに処分は終わっていると考えている。にもかかわらず再び処分を受けるなど、「待敵」の藩是からしても認められるものではない（青山忠正『明治維新と国家形成』平成十二年）。

結局、西郷たちは長州藩の処分拒否の決意を認め、会談を再開させて盟約を結んだ。

しかし、それはあくまで密約であり、成文化されたものではない。「朝敵」との提携だから、薩摩藩が慎重になったのは当然だ。不安を感じた木戸は一月二十三日、薩摩藩側と取り決めた内容を六か条に整理し、龍馬に手紙にして送り、裏書きを求めた。一介

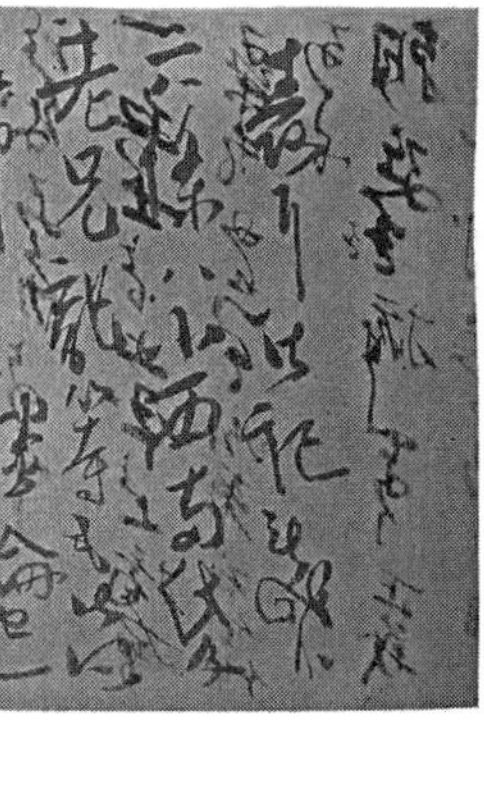

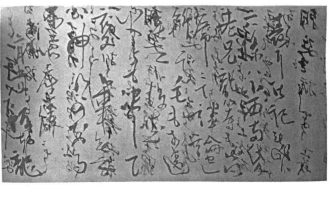

坂本龍馬の朱筆裏書（宮内庁書陵部蔵）

の浪人の保証など、どの程度役に立つかは疑問だが、薩摩藩の要人にそれを求めるのは、長州藩の立場からしても不可能だったのであろう。龍馬は「表に御記し成され候六条は、小（小松）、西（西郷）両氏及び老兄（桂小五郎）、龍（龍馬）等も御同席にて談論せし所にて、毛《すこし》も相違これ無く候」と朱筆で裏書きする。

木戸の手紙によると、征長軍と長州藩の間で開戦した場合、しなかった場合、長州藩が敗れた場合などが細かく想定されている。そして薩摩藩がいかにして天皇に働きかけ、長州藩復権を実現させるかが具体的に決められた。長州藩復権を一会桑が阻止するなら、つまり天皇が考えを変えないのなら、武力による決戦も辞さないというものであった。

その目的として、「上は皇国天下蒼生《そうせい》のため、下は主家（毛利家）のため」「皇国の興復」などと述べている。一藩の存亡だけではなく、日本のためという高次の視点が貫かれている。これが「薩長同盟」とか「薩長連合」などと呼ばれる盟約だ。

幻の薩長首脳会談

慶応二年（一八六六）一月二十三日深夜、坂本龍馬は定宿の伏見・寺田屋に帰った。それから龍馬を待っていた長府藩の三吉慎蔵《みよししんぞう》と話し込んだが、そこへ伏見奉行所の捕吏が襲いかかる。龍馬は薩摩藩士と称していたが、不審者として目をつけられていたようだ。この時、入浴中だった龍馬の妻りょうがいち早く異変に気づき、機転を利かせ半裸で階段を駆け上がり、二階の龍馬らに知らせたとの逸話は有名である。

龍馬は高杉晋作から贈られたピストル、三吉は得意の宝蔵院流の槍で応戦して虎口を脱し、伏見の薩摩藩邸に匿われ、傷を癒した。これを京都で知った西郷隆盛は激怒し、伏見奉行所に兵を率いて押しかけようとしたが、周囲が制止したという。やがて龍馬は京都の薩摩藩邸に移った（平尾道雄『海援隊始末記』昭和十六年）。

続いて龍馬はりょうを連れ、三月一日、大坂から薩摩藩艦三邦丸《みくに》に乗り、静養もかねて鹿児島を目指す（新婚旅行というのは俗説）。三邦丸には情勢を報告するため帰国する薩摩藩首脳の小松帯刀、西郷隆盛、吉井幸輔《こうすけ》（友実《ともざね》）、土佐浪士中岡慎太郎などが乗っていた。

瀬戸内海を進む三邦丸に下関から便乗しようと待ち構えていたのが、高杉晋作と伊藤俊輔だ。晋作が二月二十六日、山口の長州藩政府にいる木戸孝允にあてた手紙で、次のように催促する。

「小松、西郷、蒸気船にて当処通行致し候由に付、その節便船を借り候わば甚だ妙と存じ候。月末か来上旬かには通船の様子ござ候間、前以《まえもっ》て命令下り居り候わば、事速やかに相行われ候儀と存じ奉り候」

この中の「命令」とは、晋作が木戸を通じて長州藩に願い出ていた鹿児島出張である。イギリス公使パークスが鹿児島を訪れ、薩摩藩との間に今後の方針を討議するとの情報が伝わり、晋作は長州藩を代表してその席に加わりたいと望んでいたのである。

長州藩は藩主父子の薩摩藩主父子あての手紙や贈り物を晋作に託し、武器購入斡旋の礼使との名目で鹿児島行きを認める。もし、この三邦丸に晋作と伊藤が乗れば、薩長要人や龍馬まで加わった、一大会談が船中で実現していたかもしれない。

しかし、そうはならなかった。イギリス商人グラバーの蒸気船が先に下関に来たため、四月二十二日、晋作らはこれに乗ってひとまず長崎に向かったのである。船中における「薩長首脳会談」は幻に終わった。この機を逃した晋作は、ついに西郷には一度も会うことはなかった（異説あり）。

長崎に到着した晋作と伊藤は、薩摩藩邸に潜伏する。しかし、藩邸の用人市来六郎右衛門は、鹿児島には長州人を敵視する者も多く、危険だと知らせた。そこで晋作は鹿児島行きを中止し、藩主父子の手紙と贈り物を市来に預け、ひそかに進めていた次なる計画を実行に移そうとする。

留学生たちの消息

長崎の薩摩藩邸で高杉晋作は思いがけない人物と再会した。四年前の上海渡航の際、意気投合した、五代才助である。五代は薩摩藩の秘密留学生を引率してイギリスに赴いたが、慶応二年（一八六六）二月に帰国し、四月から長崎在勤となっていたのである。

おそらく五代の口から、晋作は長州藩がイギリス・ロンドンに派遣している秘密留学生の消息について知らされた。同年三月二十八日、晋作が木戸孝允、井上聞多にあてた手紙には「ここに驚くべき一事あり」として、山崎小三郎が客死した旨を知らせている。

山崎は長州藩が慶応元年（一八六五）、海軍を学ばせるためロンドンに派遣した、二度目の留学生三名のうちの一人だ。藩からの仕送りも途絶え、栄養も足りず、暖房もない部屋でロンドンの冬を迎え、肺炎をこじらせて死んだのである。享年二十三。晋作は、

「悲しむべし、愧《は》ずべし。これまた国家（長州藩）恥辱の一端なり」

と憤り、藩主に聞かせたらさぞ嘆かれるだろうと述べた。
あるいは留学生第一弾の五人（井上聞多、伊藤俊輔はすでに帰国）のうち「山尾（庸造）、野村（弥吉）随分能《よ》く出来候様子」なので「遊学料」を送ってやってほしいと頼む。しかし、「遠藤（謹助）は学《がく》文《もん》も不出来より帰国せし様子なり」とも言う。事実、遠藤は他の二人よりも先に、帰国させられることになる。

晋作は、薩摩藩が人材育成に投資を惜しんでいないと見た。晋作がこの手紙を書いた前日にも、アメリカに留学生を五人送り込んだのだという。「金も余程入《い》る様子あえて顧《かえり》みず、これ我が邦（長州藩）の及ばぬ所」と羨ましそうだ。それでも、山崎の死を悲しみながら、長州人が他藩よりいかにすぐれているのかを次のように述べる。

「山崎は残念は残念にござ候えども、日本人にて西洋に埋骨候者未だこれ有らず、長門人の先鋒、これまた他邦に勝れる処、同人の薄命は悲しむべきなれども、かくの如く名臣あるは国家の盛んなるならんや。少々の遊学料を惜しむ位にては困り入り候」

薩摩スチューデントを称える石碑「若き薩摩の群像」（JR鹿児島中央駅前）

しかし、ロンドンで学ぶ留学生たちは、とっくに藩意識など乗り越えて励んでいた。これはまだ、日本で「薩長同盟」が締結される前のこと。長州の山尾は造船を学ぶべくグラスゴー行きを熱望していたが、藩からの仕送りが途絶えていたため、薩摩の留学生に援助を頼む。彼らは一人一ポンドずつの義捐金《ぎえんきん》を出し、十六ポンドが集まったので、山尾は志を果たすことができた。山尾はグラスゴーで昼間はネピアー造船所で働き、夜はアンダーソンズ・カレッジで学び、明治元年（一八六八）に帰国する。そして工部寮（現在の東京大学工学部の前身）の建設などを推進し、明治十三年（一八八〇）には工部卿にもなって日本近代工業の開拓者として活躍することになる。

晋作は英語ができる伊藤を連れ、長崎からひそかに上海に渡り、さらにイギリスに密航しようと企んでいた。ところが広島城下で行われていた幕府使節と長州藩代表の談判の雲行きが怪しくなりはじめたため、急遽洋行を諦め、長州に帰らざるをえなくなる。

そのころ、グラバー商会からオテントーと号されたイギリス製蒸気船が売りに出されていた。長さ一百二十二尺九寸、九十四トンという小さな船だが、来たるべき戦争に必要だと判断した晋作は、三万六千二百五十両という大金を投じて長州藩が購入する契約を独断で結んでしまう。今度はなんとしてもほしかったのであろう。長州藩の蒸気船は、薩摩藩名義で前年購入した乙丑丸（三百トン）しかなかったのである。海軍力不足は誰の目にも明らかであった。

藩政府内では晋作の勝手な振る舞いに対し、激しい非難の声が起こったが、木戸や井上が周旋して、なんとか購入することになった。晋作は「船ともに倒るる志」とその決意を木戸たちに述べている。さらに旅費の使い込みも井上が周旋して、うやむやにしてしまった。

オテントーは長州藩海軍局に所属し、干支にちなんで丙寅《へいいん》丸と改名された。

ついに開戦

慶応二年（一八六六）五月一日、幕府は先に決まった長州処分を長州藩に正式に伝達してきた。これが、最後通牒だ。ところが「決死防戦」の覚悟で官民が一丸となり、裏では薩摩藩の支援も取りつけている長州藩は、その処分を蹴った。

四月十四日、幕府に建白を出して出兵を拒否していた薩摩藩をはじめ、多くの大名や公家が長州再征に批判的であるのを幕府は知っている。諸藩にとっても、戦争は莫大な費用がかかり、民衆を苦しめるのは必至だったからだ。しかし談判は決裂し、幕府は後に引けなくなった。

戦争をはじめるにあたり、長州藩では藩士宍戸備後助《ししどびんごのすけ》が起草した『長防臣民合議書《ちょうぼうしんみん》』と題する小冊子を公称三十六万部も印刷し、藩内全戸に配布した。長州藩主に「冤罪」を被せた幕府と戦う大義名分が、『忠臣蔵』の赤穂浪士なども例にとりながら仮名交じりのわかりやすい文章で説明されており、

「国内（藩内）一統、決死防戦、七度《ななたび》人間に生《うま》れ候ても、この御冤罪を晴《はら》し奉らずては相済まず」

と、固い決意と団結を求めている。小冊子で庶民にまで懇切丁寧に理由を説明して士気を鼓舞し、戦争に突入した大名は、日本史上で幕末の毛利家くらいだろうと言われる。

そして六月五日、征長総督の紀州藩主徳川茂承が広島に到着する。老中小笠原長行《ながみち》は督軍として、九州小倉に入った。

同月七日、幕府軍艦が長州藩領である上関《かみのせき》沿岸や周防大島を砲撃。長州藩政府は応戦を決議したので、戦端が開かれた。第二次長州征伐、のちに第二次幕長戦争と呼ばれる戦いである。ただし、長州藩では「四境戦争」とも呼ぶ。大島口、芸州口、石州口、小倉口と、四つの国境で戦いが繰り広げられたからだ。

将軍家茂が江戸城を出発してから開戦まで、実に一年以上が経っていた。

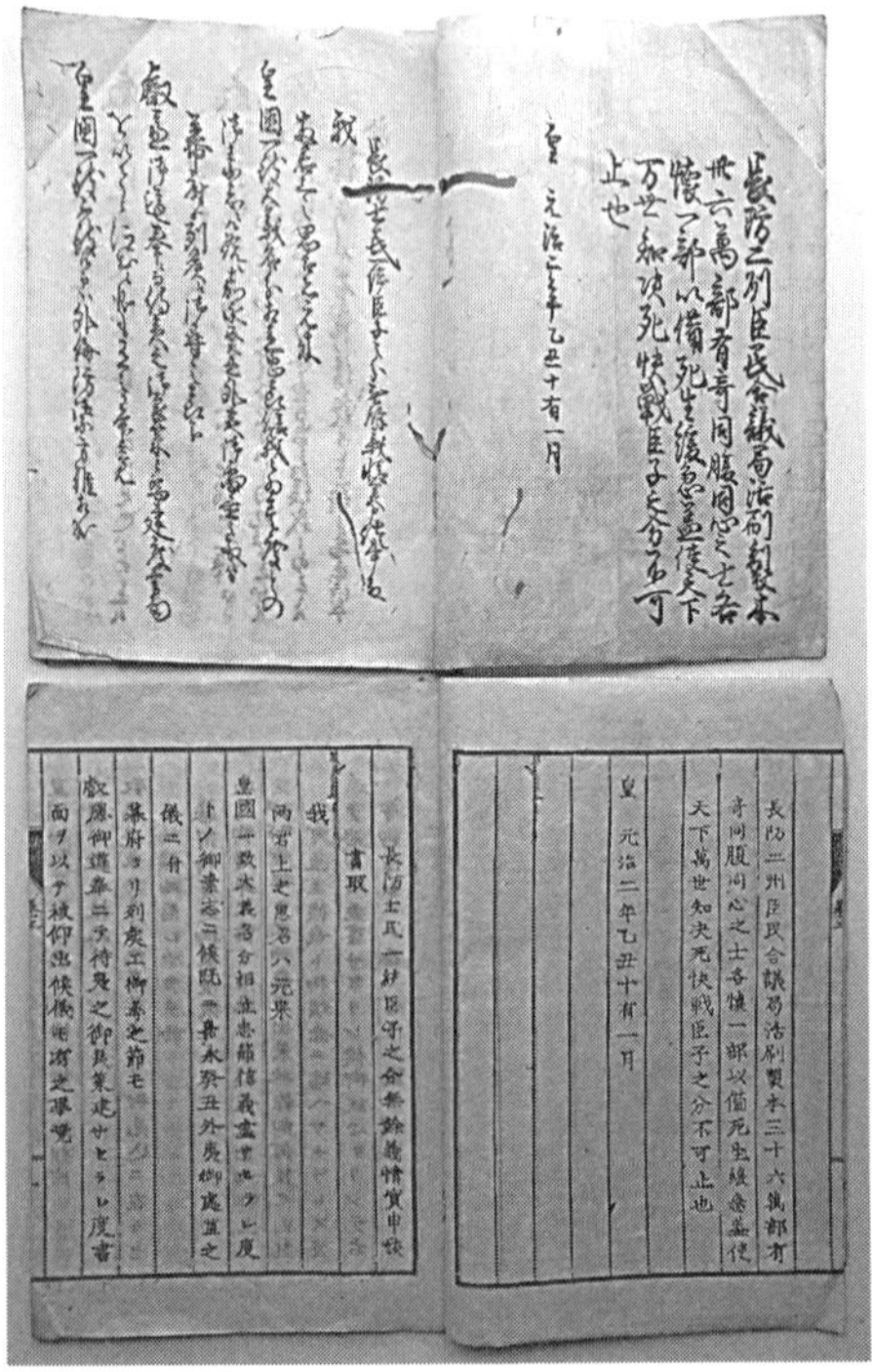
長防二州臣民合議局活刷製本三十六鎮部有
寺同朋同心之士各懐一部以備死生緩急益使
天下萬世知決死快戦臣子之分不可止也
皇 元治二年乙丑十有一月

『長防臣民合議書』。木版（上）と木活字（下）で刷られた

開戦前、土佐浪士中岡慎太郎は小倉口の指揮官となった高杉晋作を訪ね、その決意を尋ねた。晋作は、外圧から日本を護れない幕府を一日も早く倒し、朝廷の権威を確たるものにして、日本を再生させたいと言う。そして、長州藩の興亡は二の次であり、皇国（日本）の大危機を救うことができなければ、天下の有志に面目が立たないと力説した。さらに晋作は、このたびの戦いの意義を次のように考えていると述べる。

「今日、西洋事情を説き、彼の地を知っているような顔をしている者は、わずかに西洋の一端を見て知っているにすぎない。西洋が盛んなのは、大いに理由があるのである。西洋が盛んなことを学ぼうとするなら、英仏などが内戦をたびたび経たり、魯西亜《ロシア》が百戦危難の中から国を起こしたことまでをくみとり、模範とすべきである。わが国の今日の弊勢と、西洋の盛んな文明とを比べて、座して学ぼうというのは大間違いの極みである」（現代語訳、中岡慎太郎『時勢論』）

政権交代は戦争を経なければ、というのが晋作の持論だったが、征長軍撃退後の翌慶応三年（一八六七）四月十三日（命日は十四日）、二十九歳で病没する。

将軍家茂病没

庶民までがすぐれた武器を持ち、洋式軍隊として訓練され、士気旺盛な長州軍は各地で征長軍を撃退していく。数の上では征長軍のほうが圧倒的に優勢なのだが、彦根・高田藩といった譜代と幕府直属の歩兵部隊を除いては諸藩からの寄せ集めで、別に長州藩に対し敵意があるわけでもなく、当然士気が高まらない。なかには物見遊山気分で従軍した兵士もいた。

続いて大坂や兵庫、江戸などでは大規模な一揆が起こった。長期にわたる将軍家茂の軍勢の大坂滞留、あるいは戦争による諸藩の米買い集めのため、物価が急激に高騰したのである。幕府は長州藩という敵とは別に、民衆に背後を脅かされることになる。

さらに締結された同盟に従い、薩摩藩も行動を開始した。七月から八月にかけて鹿児島から合計八隊、一千百人あまりが上京する。薩摩藩主父子名義で長州藩に対し寛大な処分を下す勅を出すよう、皇族や公家に建白を出す。長州藩の「士民」による嘆願書を朝廷や加賀・仙台・越前各藩に届ける手助けもした。

この間長州藩はは じめの周防大島以外は、自藩の領地を戦場にすることなく、すべて国境外で敵を撃退した。六月には芸州口が休戦状態となり、七月になると石州口の浜田藩が止戦講和を申し込んでくる。しかし、残る小倉口は親藩の小倉藩をはじめ肥後、柳川、唐津、久留米などの九州諸藩と八王子千人同心などが、長州軍の奇兵隊、報国隊などを相手に熾烈な戦いを繰り広げ、なかなか勝敗がつかなかった。

そこへ、七月二十日に大坂城で将軍家茂が病死したとの知らせが届く。享年二十。病名は脚気。総大将の死去により、小笠原長行は突如、小倉口の征長軍を解散させたため、諸藩の軍勢はそれぞれ国元に帰って行く。孤立した小倉藩は八月一日、自ら城に火を放ち退却した。

家茂没後、徳川宗家を継ぎ、幕府の全権を握ったのは禁裏守衛総督だった慶喜である。慶喜は徳川宗家の当主と合わさっているはずの征夷大将軍という職を、この段階では固辞した。幕府内でも敵が多かった慶喜は、少しでも支持を集めて将軍になったほうが仕事がしやすいと計算したのであろう。つまり日本は、将軍不在という状況になったわけである。

「禁門の変」以降、長州を討てと強硬論を唱えていた慶喜は幕府の軍勢だけを率い、自ら陣頭に立って指揮を執り、周防山口まで攻め込んでみせると豪語した。いわゆる「長州大討込み」である。そして参内し、孝明天皇の節刀《せっとう》を受けた。これは天皇のお墨つきを得て、朝敵を討つことを強調した行動である。ところが小倉城が落ちたと知った慶喜は急に弱気になり、勅をもらって休戦に持ち込もうとした。

慶喜は八月十六日に再び参内し、将軍家茂の死を理由に解兵を願い出る。そして、二十一日に勅許を得た。この変わり身の早さには、京都守護職の松平容保や多くの朝廷関係者が呆れ、怒った。

さらに慶喜は、長州側にも知己が多い勝海舟に戦争の後始末を命じる。

九月二日、勝海舟は芸州宮島で長州藩の代表広沢真臣《さねおみ》、御堀耕助《みほりこうすけ》（大田市之進改め）、井上聞多らと会い、休戦協約を結び、撤退する征長軍を長州軍が追撃しないとの約束を交わした。その席で勝海舟は幕府に政権を手放させ（つまり大政奉還）、朝廷のもとに有力大名を集めて会議を開き、公議で国政を運営する政治体制をつくるべきとの持論を話した。

こうして幕府は九月十九日、撤兵を布告。「休戦」と言えば聞こえはいいが、事実上長州藩の勝利であった。長州藩に戦いを仕掛けながら、勝利できなかった幕府から人心は離れ、その威信はまたも堕ちてしまう。この戦いは結果的に、徳川幕府がすでに弱体化していることを国内外に知らしめる、政権交代のための宣伝になった。

薩摩藩は、藩士黒田嘉右衛門を使者として長州藩に送り込む。十月十五日、薩摩藩艦三邦丸に搭乗して鹿児島を発った黒田は十九日、下関に到着した。広沢らに会った黒田は祝詞を述べ、「夏以来、幕兵侵入、処々戦争御勝利の段伝承仕り恐賀奉り候」といった薩摩藩主父子の長州藩主父子あて書簡や贈答品をもたらす。これは薩摩藩がはじめて長州藩に派遣した、公式の使節であった。薩摩藩としては、もう後へは退けない。

ただし、「朝敵」の烙印は長州藩からまだ消えていない。孝明天皇の長州藩へ対する怒りは、それほど激しいものだったのである。

馬関商社のこと

「休戦」からひと月あまり経った慶応二年（一八六六）十月十五日、薩摩藩士五代才助は下関で木戸孝允、広沢真臣、久保松太郎（断三）ら長州藩首脳と会談した。五代は薩摩・長州藩合資による商社を、下関こと馬関に設けようと提案する。ただしお互いの藩名は表面に出さず、商家の屋号を使って行おうというものである。これが、いわゆる「馬関商社」の計画である。

数年前、長州藩の周布政之助《すふまさのすけ》と薩摩藩の伊知地貞馨《いじちさだか》（堀仲左衛門）らとの間に、薩長間で交易を行うとの話が進んだことがあった。薩摩で不足している塩、紙を長州から、長州で不足している砂糖を薩摩からそれぞれ買うのである。しかし、文久二年（一八六二）ころから両藩の政治的な関係が悪化したため、頓挫していた。

五代は、関門海峡を通航する諸国の商船をことごとく止めて積み荷を点検し、日本の需要供給関係を知り、市場を掌握しようと言うのである。薩長両藩の絆強化や実益にもつながり、幕府を経済的に追い詰めることもできる。一石何鳥にもなる計画であるはずであった。経済活動の薩長同盟である。

ただし、巨額の資本が必要であり、ようやく戦いが終わった長州藩にとっては苦しいところだ。五代は再会を約して上方《かみがた》に向かい、広沢は十八日、山口に行き藩主毛利敬親に謁《えっ》して、事情を説明した。賛否両論あったが、結局長州藩はこの話に乗らないことを決める。

先述の薩摩藩からの使節に対し、長州藩も答礼することになったが、その使節として木戸孝允が選ばれ、鹿児島派遣が決まった。出発にあたり藩主敬親は木戸に対し、鹿児島で馬関商社の話題が持ち上がった場合は、たとえ両藩の輯睦《しゅうぼく》を破ることになっても、決して賛同してはならないとの注意を与える。その理由として敬親は「必ず正道を践《ふ》みて誠意を天下に通徹せんとす」と語った（木戸公伝記編纂所『松菊木戸公伝　上』昭和二年）。下関を使うという、長州側にとって危険が大きすぎる計画というのも、断った理由のひとつであろう。

鹿児島に到着した木戸は十一月三十日、客館で洋食を振る舞われた。案の定、薩摩藩側から馬関商社の話が出たが、木戸はこれを断る。それから木戸は製造所や砲台など薩摩藩の施設を視察し、薩摩藩主から太刀一口などを贈られて使者の役目を果たし帰国した。

木戸孝允（桂小五郎）

孝明天皇崩御

孝明天皇も希望したということで、慶応二年（一八六六）十二月五日、徳川慶喜は正二位権大納言に進み、征夷大将軍の座に就く。十五代徳川将軍の誕生である。以前から天皇は慶喜を厚く信頼していたから、ここに最強の公武連合が誕生したことになる。

長州藩の復権はますます困難になった。そして、言うことを聞かなくなり、「朝敵」と手を結んだ薩摩藩が次なる敵として注目されてくる日も近いように思われた。薩長にとって、大いなる危機を迎えたわけである。

ところが二十日後の十二月二十五日午後十一時ころ、孝明天皇が三十六歳で急死する（喪が発せられたのは二十九日）。病名は疱瘡《ほうそう》で、十六日に発病し、いったん快方に向かっていたが、容体が急変して、最期は胸をかきむしり、苦しみながら九穴《くけつ》から出血して絶命したという。

天皇は攘夷主義だが、幕府には好意的であった。だから、徳川将軍を政権から除外しようと考える者たちにとり、天皇は邪魔な存在になりつつあったことも確かだ。

このため、毒殺との噂がささやかれた。毒殺の容疑者として有力視されたのは、和宮降嫁を推進したため攘夷派から攻撃され、文久二年（一八六二）八月に辞官、落飾を命じられて失脚した公家の岩倉具視だ。洛北岩倉村に閑居する岩倉はこのころ、ひそかに薩摩藩との接触をはじめている。

かつては歴史学界でも毒殺が有力視されていたが、近年は疱瘡の病状から検討するなどして、病死と考えられることが多いようである。イギリスの外交官アーネスト・サトウなどは、

「この保守的な天皇《ミカド》をもってしては、戦争をもたらす紛議以外の何ものも、おそらく期待できなかったであろう。重要な人物の死因を毒殺にもとめるのは、東洋諸国ではごくありふれたことである」

（坂田精一訳『一外交官の見た明治維新　上』昭和三十五年）

と述べているほどだから、当時から毒殺と見る者が多かったことがわかる。

孝明天皇の遺骸は翌慶応三年（一八六七）一月二十七日夜、洛東の泉涌寺《せんにゅうじ》（真言宗）に運ばれ、埋葬された。病死にせよ、毒殺にせよ、幕府や会津藩を信頼する一方、長州藩を憎んだ孝明天皇の死は政局を大きく揺さぶることになる。

第五章

錦旗は官軍の証

慶喜と四侯会議

征夷大将軍に就任前後の徳川慶喜は、「自ら日本の政体を改革」したいと考えていたようだ。京都に有力諸大名を集め、長州処分などについて話し合おうと試みたが、大名が集まらず頓挫している。そこで「再び自ら大権を採りて政事を行わねばならぬ」と変説し、独裁路線を進むことになった。以上はアメリカ艦から長州の伊藤俊輔が仕入れ、木戸孝允に知らせた情報だ。

あるいは慶喜は腹心の原市之進を小松帯刀と交流させ、薩摩藩と密接な関係を築こうとした。日本は国際貿易をはじめたといっても、港は天領（幕府直轄地）に限られていたりと、なにかと中途半端である。慶喜は日本を鎖国から本格的な「開国」に大きく転換しようと決断し、同じ目的を持つ薩摩藩国父の島津久光を抱き込もうとしたらしい（家近良樹『徳川慶喜』平成十六年）。

そこで問題になってくるのが、孝明天皇が最後の最後まで認めなかった兵庫開港だ。幕府が西洋列強と約束した期限は太陽暦（新暦）一八六八年一月一日、旧暦なら慶応三年十二月七日に迫っている。しかも開港するなら半年前に布告が必要だから、六月七日までに勅許を手に入れなければな

小松帯刀銅像（鹿児島市山下町）

らない。

慶応三年（一八六七）一月九日に践祚《せんそ》（皇位継承）した睦仁《むつひと》親王（明治天皇）は、十六歳という若さである（即位礼は翌年八月二十七日）。内憂外患のこの時期、高度な舵取りができる年齢ではない。慶喜はこの好機を逃さなかった。三月五日には、朝廷に兵庫開港の勅許を求めている。ところが孝明天皇が崩御したとはいえ、朝廷内は排他的な攘夷論が強く、十九日には却下されてしまう。二十二日にも慶喜は再び勅許を求めたが、やはり二十九日に却下されてしまった。

それでも慶喜は、不退転の決意を固めて突き進む。二十八日にイギリス、オランダ、フランス、四月一日にアメリカの代表と大坂城で会見し、兵庫開港を約束の期限まで実行すると宣言した。すでに朝廷の意など関係なく、慶喜は強い指導力を発揮して前進するつもりだ。

ところがこうした慶喜の独走が、融和関係を築きつつあった薩摩藩の態度を硬化させる。京都では薩摩藩邸の西郷隆盛や大久保利通が島津久光の上洛を決め、松平慶永、山内豊信、伊達宗城を集め、慶喜の動きに歯止めをかけさせようとした。

この四侯は五月十七日、土佐藩邸で会議を開く（四侯《しこう》会議）。そこで二度の「征討」を受けながら、いまだ「朝敵」の烙印が消えていない長州藩に対し、寛大な処分を行うこと、兵庫開港は勅許ではなく「勅命」で行うことなどの方針を決める。それにより、長州征伐が誤りだったこと、外交もすべて天皇に最終的権限があることを幕府に認めさせることになるのである。

同月十四日、四侯は二条城で慶喜に会って、天皇の意向を無視したことを非難し、また、長州処分を優先するよう求めた。ところが慶喜は期限が近づいていることを理由とし、兵庫開港の優先を主張する。慶喜と久光らとの間で激論が繰り広げられたが、結局、四侯はうまく反論できないまま会談は終わってしまう。

兵庫開港の勅許

そこで西郷隆盛などは兵庫開港を失敗させ、将軍徳川慶喜の国際的信用を失墜させようと考える。慶喜に恥をかかせてその権限を弱体化させ、大名の意向が朝廷の政治に反映される道を拓こうとしたのである。このため朝廷内の人事に介入し、反幕府の正親町《おおぎまち》三条実愛《さねなる》を議奏《ぎそう》として復職させ、勅許が下りるのを阻止しようと画策したりした。

こうして兵庫開港は外交問題というより、国内政権抗争の具になった。

一方、慶喜は朝廷に乗り込み、長年懸案だった兵庫開港と長州処分を同時に勅議してほしいと願い出る。

そして慶応三年（一八六七）五月二十三日夜から翌二十四日午後にかけて、朝廷での長い会議で奮闘したすえ、日本が国際的信用を失ってはならぬと説いた慶喜は、ついに兵庫開港の勅許を獲得した。一方、長州処分は寛大にせよとあるだけで、先送りとなってしまう。

出るはずのない勅許が出た。慶喜の勝利は薩摩藩、そして「朝敵」として息をひそめる長州藩などにも大きな衝撃を与えた。またも、慶喜が朝廷を掌握したように見えたからだ。有力諸侯の四侯が束になっても敵わない、実物よりもはるかに巨大な政敵として、慶喜が立ちはだかったような強い印象を与えてしまう。

これが契機となり、薩摩藩士の中に武力（挙兵）による討幕を現実問題として考える者が出てくる。

それまで武力討幕は、「志士」たちによって感情的に叫ばれることはあった。たとえば勅許が出る直前の五月二十一日夜、京都で土佐藩士乾退助《いぬいたいすけ》（板垣《いたがき》退助）が中岡慎太郎の仲介で小松帯刀、西郷隆盛、吉井友実らに会い、土佐藩を挙げて武力討幕を行うと誓い、西郷を喜ばせている。しかし、実は乾退助にそんな実力はない。それは薩摩藩首脳部も承知している（もっとも乾こと板垣は、後年まで自分が西郷らと討幕の約束を交わしたと信じていたようだ）。そうした、いわば酒席での戯言《ざれごと》ではない、藩という巨大な組織を挙げての討幕の道が模索されるようになった。

同じころ、薩摩藩は遠くフランスの地で、幕府を挑発していた。一八六七年、パリで開催された万国博覧会に招かれた幕府は、慶喜の弟徳川昭武《あきたけ》を派遣した。随員は二百人以上で、その中には田辺太一や渋沢栄一もいた。四月十一日、パリに着いた一行が驚いたのは、薩摩藩が「薩摩琉球国」という独立国として出品していたことであった。

幕府の目的は日本国の主権を条約国に明らかにすることであったが、これでは日本は天皇の下に、それぞれ独立国が存在している連合政権のようである。薩摩藩は、同じく出品していた佐賀藩にも「肥前国」を標榜するよう求めた。フランスの支持を受けていた幕府は面目丸つぶれである。現地で指揮を執っていた薩摩藩士岩下佐次右衛門（方平《みちひら》）は、

「徳川氏の面目を洋人群衆の前に塗抹《とまつ》したれば、我事は已《すで》に了《おわ》れり。いざこれより帰国して皇政復古の運動に尽力すべし。諸君も予に賛同せられよ」

と言って、帰国したという（中野礼四郎編『鍋島直正公伝　第六編』大正九年）。

後藤象二郎と大政奉還運動

西郷隆盛らの武力討幕論に賛意を示した乾退助だが、彼は土佐藩の主流ではない。当時の土佐藩の代表人物といえば、後藤象二郎《しょうじろう》だ。

後藤は山内豊信の信任厚く、慶応二年（一八六六）二月に参政、次いで開成館奉行となり、藩政改革を指導し富国強兵を進めていた。かつては乾とともに大監察（執政、参政に次ぐ重職）にあげられ、武市半平太ら土佐勤王党弾圧を指揮した経緯もある。

ところが幕府が「第二次長州征討」に失敗するや、後藤は土佐藩が時勢に乗り遅れてはならないと焦りはじめた。慶応三年（一八六七）一月（二月とも）に長崎で脱藩浪人で薩摩・長州藩に太いパイプを持つ坂本龍馬と会談し、お互いの怨恨を捨てて協力関係を結ぶ。なんだかんだ言っても、龍馬も郷里から声をかけてもらったことが嬉しかったようだ。龍馬の脱藩罪は赦免され、海援隊《かいえんたい》が創立されて龍馬は隊長に任ぜられた。

後藤は、朝廷には政権を運営する実力も意欲も乏しいと読んでいた。そこで将軍に大政（政権）を奉還させて平和裡に幕府を倒し、二院制の議事院を設けるという「公議政体論（公議与論の理念で運営される政治形態）」を考えていた。そうすれば武力討幕を進めようとする薩摩藩や長州藩を、後発の土佐藩が出し抜くこともできる。

大政奉還論を土佐藩の藩論にするため、後藤は龍馬とともに京都に乗り込んだが、肝心の山内豊信が四侯会議の失敗後、帰国しており不在であった。

それでも後藤は六月二十二日、土佐藩を代表する寺村左膳《さぜん》（日野春草《しゅんそう》）、真辺栄三郎《まなべえいざぶろう》とともに西郷、大久保、小松ら薩摩藩首脳と会談する。これには浪士として龍馬、中岡慎太郎も同席した。この席上、土佐側が示した大政奉還論をはじめ将軍職廃止、朝廷制度の改革に西郷らも同意する。これで武力討幕の計画は、二番手になった。いわゆる「薩土盟約」だ。

しかし、西郷たちの本音は、あくまで武力討幕である。にもかかわらず後藤の話を承諾したのは、土佐藩に大政奉還運動を失敗させ、もう武力討幕しか道がないと、誰もが納得する状況を生み出そうと考えたからだ。絶大な権力を握る者が、それを簡単に手放すわけがないという西郷の考えは、ある意味正論である。

そんな西郷らの心底を知らなかったのか、後藤は七月八日、海路土佐に帰り、大政奉還論を山内豊信に説いた。

京都における武力討幕論の高まりを、歯がゆい思いで土佐の地から眺めていた豊信は、喜んで後藤の意見を採用し、その周旋を命じる。ただし、後藤は軍事的圧力の必要を感じて出兵を考えたが、豊信は兵力を後ろ盾とすることを禁じる。また、将軍職廃止も、豊信の意向により建白からはずすことになった。

武力討幕論と薩摩藩

長州藩士の品川弥二郎は慶応二年（一八六六）一月の薩長同盟締結以後、しばしば京都の薩摩藩邸に潜伏し、情勢を探っていた。翌慶応三年（一八六七）五月になると、奇兵隊軍監の山県狂介（有朋）が京都に上ってきて薩摩藩邸に身を潜める。

兵庫開港の勅許、長州処分の問題を見届け、帰国の途につく山県と品川に六月十六日、島津久光は直接次のような言葉をかけた。

「今回土越宇と議し一同上京し皇国の為め微力を尽さんとしたけれども、建言の趣は採用せられず、然るに幕府は到底反正《はんせい》の目途無ければ今一層尽力せんと欲す。この趣を大膳《だいぜん》殿御父子（長州藩主父子）に申伝えらるべし。且つ詳細の事は近日小松帯刀、西郷吉之助（隆盛）に申含め、貴藩に差遣《さけん》すべし。その時に至らば指示を望む」

久光は山県にピストルを贈る。それから、山県は西郷とともに小松帯刀の邸に赴く。そこには小松のほか、大久保利通や伊知地正治も来ていた。小松は山県に、幕府の譎詐奸謀《けっさかんぼう》は尋常の手段では挽回できそうにないので、薩摩・長州藩が力を合わせて天下に大義を示そうと言う。ここで武力討幕を臭わす会話が交わされたようだ（山県有朋『懐旧記事　五』明治三十一年）。西郷はこの時の交流から、山県が信頼できる男だと感じた。これが以後

山県有朋（狂介）

の薩長関係に意外な影響をおよぼす。

七月になると久光は、当初予定していた小松、西郷に代わり村田新八を山口に派遣し、これからは長州藩と協力してやっていきたいとの意思を伝える。

この時期、薩摩藩が重視したのは土佐藩よりも長州藩との関係であった。だから土佐藩との関係は長州藩には知らせたが、長州藩との関係は土佐藩には知らせない。

西郷は八月十四日、薩土盟約の底意を質すために京都入りした柏村数馬《かしわむらかずま》（信《まこと》）、御堀耕助ら長州藩士に、武力討幕の決意を表明する。

しかし、ここが肝心なのだが、武力討幕論は薩摩藩の「総意」にはなっていない。京都を中心に活動する西郷らの一派が唱えていたが、そもそも藩主父子が反対している。藩の重臣も財政状況が厳しい上、成功の可能性も低く、危険すぎるといった理由で反対する者が多かった。重臣の中には、勝手に暴走する西郷を久光の許可を得て手討ちにせよとの声も挙がっていたくらいだ。

ところが、こうした薩摩藩内の事情はなかなか表面には出なかった。西郷らが唱える、勢いのよい強硬路線が薩摩藩の方針のように広まり、その勢いに薩摩藩が引っ張られていく。長州藩でも山県が部下の諸隊士を率いて脱藩し、西郷と行動をともにしようと計画していた。

だからこそ西郷らは、大政奉還運動を失敗させる必要があったのである。それにより後藤が失脚すれば、自分たちと意気投合する乾退助が前面に出てくるであろうことも、西郷らは期待したであろう。

玉を奪われるな

後藤象二郎は慶応三年（一八六七）九月二日、土佐高知を船で発ち、翌日大坂に到着した。山内豊信の方針により兵を率いてはこなかったが、大政奉還実現へ向けての根まわしをはじめる。

二か月ほど空白期間があったのは、七月六日、長崎で起こったイギリス水夫殺害事件の嫌疑が、土佐藩の海援隊にかけられたからだ。結局冤罪だったのだが、イギリス側との交渉を後藤と龍馬が担当させられたため、大政奉還運動が停滞してしまった。

後藤は、薩摩藩の西郷隆盛や芸州（広島）藩の辻将曹《しょうそう》を訪れ、土佐藩の運動の方針が、兵力を伴わない言論のみで行うことに決まったと告げる。辻は同意し、芸州藩論をその方向でまとめたいと述べた。

一方、西郷らは六月の時点では後藤が説く大政奉還に同意していたはずだが、その時機は去った、状況が変わったとして討幕挙兵を主張する。実はすでに幕府側が大政奉還に興味を示し、受け入れそうな空気が生まれていたのを察知していたのである。

五日には、薩摩藩の軍勢が大坂に到着する。それでも九日、後藤は小松、西郷、大久保を訪ね、挙兵の延期を求めたが、応じてもらえない。

さらに島津久光は十五日、大久保と大山格之助（綱良《つなよし》）を長州藩に派遣し、自らは帰国の途につく。山口に到着した大久保と大山は長州藩主父子や木戸孝允、広沢真臣らと、天皇を確保するための宮中政変と、続く討幕挙兵につき討議した。

武力討幕を公認した毛利敬親は大久保に、「玉《ぎょく》」を奪われぬよう注意を与えたという。玉とは、天皇を指す隠語だ。文久以来、天皇の権威を利用して、あげく天皇の権威に京都から叩き出された長州藩だから、今後の焦点はそこにあると考えていたのである。

続いて、薩長出兵協約が結ばれる。九月中に軍勢を搭載した薩摩藩船が長州藩領の三田尻港に入り、そこで長州軍と合流して上方《かみがた》に乗り込むというものであった（ただし実現されず）。なお、久光が納得したのは、出兵＝《イコール》挙兵とは考えていなかったからである。

さらに芸州藩も、この出兵協約に加わった。長州藩の重臣が幕府の命に応じて大坂に上るのを、芸州藩世子が誘導するとの名目で、兵を上方に送り込むというのである。ここに、薩摩、長州、芸州の三藩が提携した。大政奉還と武力討幕という相反する二つの路線は、こうして平行しながら着実に進んでいくことになった。

大政奉還の実現

もし、大政奉還建白を徳川慶喜が拒否した場合、土佐藩も武力討幕路線に加わるつもりである。そのために土佐藩に情報を入れ、暗躍したのが坂本龍馬だ。

龍馬は長崎で仕入れた小銃一千三百挺を芸州藩船震天丸に積み、慶応三年（一八六七）九月十八日、長崎を発ち帰国した。そして同月末に薩長の軍勢が上京するとの情報を知らせた上で、土佐藩に一千挺を売却したのである。

龍馬は同月二十日、長州藩の木戸孝允に、上方で周旋する後藤象二郎を帰国させるか長崎に転勤させ、代わりに乾退助を土佐藩の前面に出すとの旨の手紙を書き送った。揺れ動く龍馬は、この時期の土佐藩内部の不安を象徴しているようだ。

しかし、後藤は奮闘したあげく、幕府側の信頼を着実に得て、大政奉還建白を幕府に差し出す寸前まで漕ぎつけた。そこで後藤、福岡孝弟《たかちか》（藤次《とうじ》）ら土佐藩首脳は小松帯刀、西郷隆盛、大久保利通らに建白書を示し、同意を求める。

九月二十八日、小松が後藤にあてた手紙には「御懸念なく、御差し出しなされ候様」とあった。あくまで武力討幕にこだわる西郷、大久保にすれば、十月上旬には長州藩と京都で挙兵するつもりだから、大政奉還運動は自分たちの邪魔にならないと判断したのであろう。しかし、小松の目的は「王政復古」の実現であり、出兵はそのための「威力」だと考えている（高村直助『小松帯刀』平成二十四年）。だから、大政奉還の可能性も否定しなかったのではないだろうか。

一方、土佐を発った龍馬は海路大坂から十月九日に京都入りして、大政奉還運動の進展を確認する。そして土佐藩参政の福岡孝弟の紹介で幕府大目付の永井尚志《なおゆき》に会い、今度は大政奉還を説いたりした。龍馬は十一月十五日夜、中岡慎太郎と京都河原町の近江屋の離れで暗殺されることになる。こうした動きが、幕府側の大政奉還反対派の誤解を招いた結果だったのかもしれない。

十月四日、後藤らは十五代藩主山内豊信《とよしげ》（容堂《ようどう》）名義の大政奉還建白を、慶喜の腹心である老中板倉勝静《かつきよ》に差し出す。こうして、大政奉還建白は将軍慶喜の前に届けられる。

慶喜は妥協して大政奉還を実行しても、諸大名の中に自分に対抗できる者がないため、新体制も再び自分が束ねることができると考えたのだと言われる。まさか自分が新しい政権から、はじき出されようとは考えてもいなかったであろう。真意ははっきりしない部分も多いのだが、ともかく慶喜は早々に大政奉還を決意した。当時の幕閣は大半が反対であり、唯一永井尚志だけが理解を示した。

十月十二日、慶喜は京都守護職松平容保と京都所司代松平定敬を二条城に召し、これを諭告する。続いて十三日、慶喜は二条城の大広間に十万石以上の在京諸藩（四十藩）の重臣を集めた。慶喜は彼らに土佐の建白を受け入れる決意を表明して意見を尋ね、藩主の上京を命じる。さらに会議後、慶喜は、小松、後藤、福岡、芸州の辻将曹《しょうそう》の四人を特に残し、意見を求めた。小松は慶喜の決断を讃え、これに後藤も同意したという。

十四日、ついに慶喜は参内し、大政奉還を朝廷に願い出た。これを受けた朝廷は親王、摂政、左大臣、右大臣らによる会議を開く。そして十五日、御所に呼ばれた慶喜は勅許の沙汰を受けた。

徳川慶喜

討幕の密勅

大政奉還がさっそく朝廷に受け入れられたことにより、またも西郷隆盛ら武力討幕派は苦境に立たされてしまう。このままいけば徳川慶喜を代表に据えた、新しい政権が合法的に誕生する可能性が高くなった。

慶喜が上奏した大政奉還が勅許される直前、いわゆる「討幕の密勅」が出た。それは「詔《しょう》す」にはじまり、慶喜の罪を並べて「汝、宜しく朕の心を体し、賊臣《ぞくしん》慶喜を殄戮《てんりく》し、以《もっ》て速やかに回天の偉勲を奏し、しかして生霊《せいれい》を山岳の安きに措《お》くべし」と命じている。

まず十月十三日に、薩摩藩主父子に下された。続いて翌十四日に、長州藩主父子にも下された。長州藩のほうが一日遅いのは、十三日にひそかに官位復旧が沙汰され（さすがに「朝敵」に勅を出すわけにいかない）、「朝敵」の烙印を消した上で受け取るという手順が必要だったからだ。

ただ、この「討幕の密勅」はいろいろと問題点が多いことでも知られる。

天皇の意思を受け、中山忠能、正親町三条実愛、中御門経之《なかのみかどつねゆき》という三人の上級公卿が書面を作成したことになっているが、署名も含めすべて薩摩あては正親町三条、長州あては中御門の筆跡だ。

それに、天皇が内容を承諾したことを証明する直筆の日付の一字がない。さらには施行を承諾した際に加える「可」の一字もない。これらを見ても、どうも正式な手続きを経て出されたものではなさそうである。「偽勅」と言われるゆえんだ。

「討幕の密勅」は、大政奉還を無効にする目的だったとも言われる。しかし、そうなると日付に矛盾が生じる。大政奉還が勅許されたのは十月十五日のことだ。「討幕の密勅」は十三、十四日である。役所が出す文書は、新しいものほど有効であることは言うまでもない。

つまり、天皇の最新の意思は十五日の大政奉還の勅許ということになり、それ以前の書類は無効になってしまう。これを「十六日」以降に直して発しないと、大政奉還を封じ込められない。

しかし、この日付のまま薩摩藩へは小松帯刀、西郷隆盛、大久保利通が、長州藩へは広沢真臣、福田俠平、品川弥二郎が持ち帰っている。結局、「討幕の密勅」とは外側に対して大義名分を示す目的ではなく、内側に向けて使うために作製された文書と見たほうが妥当のようだ（井上勲『王政復古』平成三年）。

それはこの時点になってもなお、薩摩・長州藩の特に上層部に、武力討幕に反対する意見が根強かったことと関係する。しかし、勅という権威により、それらを一掃することができた。

薩摩藩では十一月十三日、藩主茂久自ら兵三千を率いて上洛の途につく。その中には西郷の姿もあった。途中、周防三田尻に立ち寄った茂久らは、長州藩側と要件を検討して出兵協約を結んだ後、京都を目指す。

長州藩ではまず、勅が下ったことにより「朝敵」の汚名がそそがれ、薩摩藩と対等な立場になったことを確認したはずだ。そして十一月二十五日、藩主一門毛利内匠《たくみ》を総督とする一千二百からなる部隊は、七隻の軍艦に分乗して、周防三田尻から瀬戸内海を進んで上方を目指す。

長州勢が摂津打出浜《うちではま》（現在の兵庫県芦屋市）に上陸したのは同月二十九日だ。当初は西宮に上陸する予定だったが、同地には幕府兵二百が駐屯していたため、混乱を避けるため急遽変更された。打出は毛利の先祖である阿保親王ゆかりの地でもあり、それだけに兵士たちも感慨深かったであろう。

話を「討幕の密勅」に戻すと、これが「偽勅」とすれば、関わった上級公卿たちも皆、「共犯者」だ。薩摩藩も長州藩も、これまで朝廷関係者の「裏切り行為」に、煮え湯を飲まされてきた経験がある。しかし、「共犯者」にすることで、否応なく足かせをはめてしまい、逃れられない状況をつくる目的があったのではないかとも考えられている。

その後、「討幕の密勅」は島津・毛利家に秘蔵された。早い時期に人目に触れていたら「偽勅」だと騒ぎ出す者がいて、「明治維新」の「正義」の根幹を揺るがす、大問題が起こったかもしれない。その写真がはじめて書籍に掲載されたのは昭和十一年（一九三六）、明治維新七十年を記念して文部省維新史料編纂事務局が編んだ図録『維新史料聚芳』の中である。すでに「維新」は「歴史」と化していた。

諸侯会議を経ずに「王政復古」

徳川慶喜の大政奉還を天皇が認めたからといって、翌日から新政権が誕生するわけではない。征夷大将軍の地位もそのままであり、内政も外政も当分は慶喜が担当していた。

近日中に朝廷の名で十万石以上の大名（諸侯）が京都に集められ、諸侯会議が開かれる。そこで、衆議の上で新政権の方針を決めるのである。たとえて言うなら、諸侯会議は一回目の国会のようなものであり、大名はその地区を代表する議員である。そして総理大臣とも言うべき政権の代表は、入札《いりふだ》（選挙）によって決められることになっていた。

あの、薩摩藩主島津斉彬が望んでいた公議政体が、いよいよ実現するのである。斉彬を神のごとく崇拝する西郷隆盛とその一派にすれば、さぞ感無量だったかと思いきや、実はそうではない。西郷たちは、「家康の再来」などと呼ばれる慶喜を放置しては禍根を残すと考えていたのである。

このまま公議政体へと移行すれば、慶喜が引き続き政権を担うであろう。別に慶喜は失政を攻められて、政権の座を追われたわけではない。大政奉還運動を推進した土佐藩の山内豊信も、慶喜を推すつもりであった。

だから、慶喜は権力の経済的基盤となる天領（幕府直轄地）を手放してはいない。天領は旗本領なども含めると、全国の四分の一を占めるという大規模なものであった。

薩摩藩と堂上公家の岩倉具視は、諸侯会議を開かせず、徳川権力の廃絶を決定的にしようと考える。それが朝廷そのものを武力討幕派が乗っ取るという「王政復古」の断行であった。

そのころ、大名たちは日和見を決め込み、なかなか京都に集まってこない。いつまで経っても諸侯会議が開かれないので、新政権が発足する見通しが立たない。そこで西郷隆盛、大久保利通は十二月になると後藤に会い、「聖断（天皇の決断）」で「王政復古」を実現したいと提案する。これには後藤も承諾せざるをえない。

十二月六日には松平慶永を通じて、慶喜本人にも「聖断」による「王政復古」が行われると知らされた。これを慶喜は、認めざるをえない。

こうして十二月八日午後から九日朝にかけて、朝廷で会議が開かれる。まず、三条実美ら七卿と長州藩主父子の官位復旧が決められた。長らく懸案となっていた長州処分は、ここに大々的に終止符が打たれる。

散会後は中山忠能、正親町三条実愛、徳川慶勝、松平慶永らが宮中に残った。そこへ追放を解かれたばかりの岩倉具視が、王政復古の勅書、制令を携えて参内してくる。中御門経之、大原重徳、山内豊信、島津忠義らも召される。

九つある御所の門は西郷の指揮下、薩摩、尾張、越前、土佐、芸州の五藩の軍事力により固められた。

そして、十六歳の明治天皇は御所の学問所に親王、諸臣を召し、「王政復古」の大号令を下す。ペリー来航以来の未曽有の国難を乗り切り、王政復古、国威挽回の基《もと》を立てるため、摂関、幕府などを廃絶し、その代わり総裁《そうさい》、議定《ぎじょう》、参与《さんよ》の三職を仮に置いて、万機を行うというのである。ここに二百六十余年続いた徳川幕府は完全に消滅し、天皇をいただく新政権が誕生したのである。

「総裁」は有栖川宮熾仁《たるひと》親王。「議定」は皇族から仁和寺宮《にんなじのみや》と山階宮《やましなのみや》、中山・正親町・中御門という「討幕の密勅」づくりに参加した公卿、島津忠義、山内豊信、徳川慶勝、浅野茂勲《もちこと》（長勲《ながこと》）、松平慶永といった有志大名。「参与」は岩倉ら朝廷の臣と、西郷、大久保、後藤など五藩の臣である。

しかし、「徳川慶喜」の名は、そのいずれにもなかった。近代国家の出発点とされる「明治新政府」は、実は一度の衆議《しゅうぎ》も経ずに誕生したのである。ここに「明治維新」の大いなる矛盾がある。絶対的な権力である「天皇」の「意思」により、どんな意見でも封じ込められてしまう。日本特有の天皇制近代国家がここにはじまったのである。

なお、京都郊外、粟生野（現在の京都府長岡京市）に待機していた長州藩の毛利内匠率いる三中隊は「朝敵」の烙印が消された翌日の十二月十日、京都入りして御所に参内した。そこで王事に尽くしたことへの慰労の言葉を与えられ、兵士たちは御所の護衛につく。文久三年（一八六三）八月十八日の政変で追放されて三年半ぶりの、御所警護だ。

結局、長州藩に被せられていた「朝敵」だの「賊」だのという評価は冤罪だったのか、あるいは赦免されたのか、合理的な説明がないままである。

さらに年が明けて新政権の太政官《だいじょうかん》が三職七科《さんしょくしちか》と徴士《しょうし》・貢士《こうし》制を発布するや、長州藩からも人材が登用されることになった。まずは木戸孝允、広沢真臣、楫取素彦《かとりもとひこ》が徴士参与職ということで、新政権に参加している。

徹底した慶喜排除

「王政復古」の大号令が発せられた慶応三年（一八六七）十二月九日夜、小御所において明治天皇臨席のもと、はじめての三職（総裁、議定、参与）および五藩有志の合同会議が開かれた。これを「小御所会議」という。

議事に入ると、議定の山内豊信が、政権から完全に除外されている徳川慶喜を、この席に加えるべきだと主張した。

豊信は新政権をはじめるにあたり、公平無私な姿勢が必要だとし、そうでなければ天下の人心をとらえることができないといった旨の正論を堂々と展開する。慶喜が先祖以来の政権を手放した功績を称え、英明の人物であるとも言い、会議の空気を主導していく。

これに、参与の岩倉具視が反対した。財政的裏づけのない政権返上など認めるわけにはいかぬと、一時はかなりの激論となった。休息時間に大久保が軍事担当の西郷に相談するや、西郷は武力行使をほのめかしたという逸話があるほどだ。その後、豊信側が一歩退き、慶喜に辞官納地《じかんのうち》が命ぜられることが決まる。

翌日、二条城にいた慶喜に、辞官納地の朝命が伝えられた。

諸侯会議を経ず、王政復古が実行されたのは薩摩藩の陰謀であると憤った旗本五千、会津兵三千、桑名兵一千五百などの兵力は、二条城に集まり主戦論を叫んだため、不穏な空気が充満したが、慶喜は彼らに城外へ出ることを禁じた。

慶喜は考えたすえ、十二日夜、松平容保、松平定敬、板倉勝静を伴い二条城を出て、大坂城に退却する。ここで待機し、徳川勢力を挽回させていくつもりだ。

京都でも、山内豊信はじめ政変による王政復古を非難する声が高まっていた。自分たちがあまりにも不人気なのに弱気になった岩倉は十三日、参与の西郷隆盛、大久保利通らと話し合い、慶喜が辞官納地を申し出たら、議定の地位を与えると決めた。

一方、慶喜は十四日、新政府の求めに応じて五万両を提供して、器が大きいところを見せつけている。十六日にはイギリス、フランス、イタリア、アメリカ、プロシア、オランダの公使を大坂城に招き、このたびの政変は不法だと説明して、各国に内政不干渉を求めた。さらに、今後も外交事務は自分たちが担当すると言い、外国側もこれを認める。

小御所会議で激論する山内容堂こと豊信（左下）と岩倉具視（島田墨仙画）

続いて十九日、慶喜は総裁あてに王政復古の大号令を取り消すよう要求書を送りつけた。自分は天下の公議与論に基づく政権樹立のために大政奉還を行ったのに、薩摩藩のせいでまったく違うことになったと、堂々と新政府の存在そのものを否定する。

ここまでやる慶喜に、新政府の中でも共感の声が高まっていく。

十二月二十八日の三職会議では、慶喜を前内大臣《さきの》と称すること、二百万石の返納も、いずれ天下の公論をもって継続審議とすることと、骨抜きになってくる。再び慶喜に勝利の機会がめぐってきたのである。政変を強引に進めた岩倉や薩摩藩は非難され、追い詰められていく。

ところがそのころ、すべてをぶち壊す事件が、遠く江戸で勃発した。

十月ころから、江戸がなかば無法地帯と化したことをいいことに、浪士たちが「御用盗《ごようとう》」と称して旧幕府御用商人宅に押し入ったりと、さんざん悪事を働き、治安を乱していた。薩摩側が浪人を送り込んで仕組んだ罠である。

旧幕府側は浪人の本拠が、三田の薩摩藩邸、佐土原藩（島津の支藩）であると探知していた。そこで十二月二十五日、小栗上野介などの強硬派は市中警備の庄内藩などに焼き打ちを命じ、実行させる。このため、数十名の浪人や薩摩藩士とその家族が命を落とした。しかし、これが戊辰《ぼしん》戦争の引き金を引いてしまう。

「鳥羽・伏見の戦い」

薩摩藩邸焼き打ちの知らせが大坂城に届くや、旧幕軍は勢いづく。そして京都の朝廷の周囲にいる「奸臣」を討つため、決起することになった。

明治元年（一八六八）一月一日には、大義名分を示す「討薩の表」を発表する。これには、このたびの政権交代は朝廷の真意ではなく、薩摩藩の陰謀であり、江戸でも乱妨や強盗が行われたとして、「奸臣」どもを引き渡してほしい、さもなくばやむをえず誅戮《ちゅうりく》する旨が述べられている。この、「討薩の表」を掲げて京都に進んで朝廷に訴え、邪魔されたら戦争も辞さぬというのである。

こうして一月二日から三日にかけて、一万五千人の旧幕軍が大坂城を出て、北上をはじめた。淀で二手に分かれた軍勢は、鳥羽街道と伏見街道を進む。この知らせが京都の新政府に届くや、融和論は影をひそめ、参与の大久保利通などは即開戦を主張した。

薩長の軍勢は旧幕軍を阻止するため、京都の南郊、鳥羽・伏見街道を固める。上京を拒否された旧幕軍と薩摩軍との交渉が、まず鳥羽方面で決裂し、開戦したのは三日夕方だ。この「鳥羽・伏見の戦い」が、以後一年半にわたる内戦「戊辰戦争」のはじまりである。

この日は一進一退の戦いが繰り広げられ、伏見の町が炎上した。薩長軍の火力に圧倒された旧幕軍は午前一時ころ、京都・大坂の中間、淀へと退却する。西郷は大久保に、

「明日は錦旗《きんき》を押し立て、東寺に本陣を御居り下せれ候得ば、一倍官軍の勢いを増し候事にござ候」

と、書き送っている。

開戦時の旧幕軍は一万五千、薩長軍は五千。戦いは数の上では優劣がはっきりしていた。ところが戦い二日目となる一月四日、西郷の手紙のとおり、仁和寺宮嘉彰《よしあきら》親王が征討大将軍に任命されるとともに、薩摩軍本営の東寺に二旒の旗がひるがえり、形勢が逆転する。これが天皇の権威の象徴、

官軍のしるしというべき「錦旗《きんき》」とか「錦《にしき》の御旗《みはた》」と呼ばれる旗であった。長さ四・二メートル、幅九十センチ、赤地に雲や九竜、桐、鳳凰などの模様が織り出された、色鮮やかなものである。

しかし錦旗は、別に皇室伝来の宝物ではない。前年十月、岩倉具視が腹心の国学者玉松操《たままつみさお》にデザインさせ、薩摩の大久保と長州の品川弥二郎に西陣の帯地でつくらせたのである。品川は山口後《うしろ》河原《がわら》の小さな養蚕所の建物の中で、毛利家に伝わる古書を参考に、ひそかに錦旗をつくらせたという。

ところが、錦旗は絶大な効果を生む。それは錦旗を担ぎだした者たちの予測を、はるかに上まわったものだったと言っていい。錦旗登場までは、私闘とも見られていた戦いに、「官」対「賊」という、はっきりとした大義名分が生まれたのである。日本人は、こうした一方的なわかりやすさが大好きである。錦旗に近づき、その真贋を確かめようとする者は誰もいなかった。

それまで態度を決めかねていた土佐藩の軍勢は、君命を待たずに「官軍」となった薩長軍に加わる。ほかの西国諸藩の軍勢も、続々と薩長軍に呼応していく。先行きが見えない中に「強い権威」が出現したので、なにがなんでも飛びついたのであろう。

戊辰当時に出版された「とんやれぶし」に描かれた錦旗

態勢を立て直そうと、「賊軍」の烙印を押された旧幕軍は五日、淀城に入ろうとしたが、あっさりと入城を拒否される。淀藩は譜代大名で、藩主の稲葉正邦《まさくに》は当時老中として江戸在勤中であった。そんな藩からも見放されてしまうのだから、錦旗効果は絶大である。

六日には旧幕軍の一翼として山崎方面を守っていた津藩が、「官軍」に寝返って大坂方面へ退却する旧幕軍を側面から砲撃した。

錦旗に逆らうことを最も恐れたのは、総大将の慶喜である。慶喜は「勤王論」の中心地、水戸藩の生まれだ。万世一系の天皇があるからこそ、徳川家があるというのが水戸藩の根本的な考え方だ。しかも慶喜の母の実家は有栖川宮家であり、霊元《れいげん》天皇の子孫にあたる（ちなみに孝明天皇は霊元《れいげん》天皇の玄孫《げんそん》の孫）。十五代にわたる徳川将軍のうち、このような形で天皇の血を色濃く受け継ぐのは、慶喜しかいない。だから、「朝敵」「官賊」といった言葉に、人一倍反応したのも理解できる。

六日午後九時ころ、慶喜はわずかな供を従えただけで、ひそかに大坂城を抜け出し、天保山から海路江戸へと逃げ帰ってしまう。この行為には当時から非難が集まった。

七日になり、「官軍」にとって待望の慶喜追討令が発せられた（これは、二か月近く前の「討幕の密勅」と同主旨のものだが、わざわざ出たのを見ても、密勅が表向きのものではなかったことがわかる）。

西郷などは、まさか慶喜が前夜に大坂城を捨てて逃げたとは思っていないので、大坂城攻めを思案する。ところが、大坂城から続々と将兵が退却をはじめ、九日に長州兵が入ってみると、城門で白旗が振られていた。こうして大坂城は、十日には無事「官軍」に引き渡された。

江戸無血開城

江戸に逃げ帰った徳川慶喜は、小栗上野介ら抗戦派を退け、恭順派の勝海舟に後事を託し、明治元年（一八六八）二月二日、上野の東叡山寛永寺《とうえいざんかんえいじ》に移った。そして子院のひとつ大慈院で約二か月間、謹慎の姿勢を示す。

寛永寺は関東における天台宗の総本山、山号は東の比叡山の意味だ。江戸時代はじめ、天海《てんかい》のすすめにより徳川家康が創建した。そして正保四年（一六四七）からは皇族を門跡（一門の統率者）とした。

時の輪王寺宮公現法親王《りんのうじのみやくげんほう》（能久親王《よしひさ》）は伏見宮邦家《ふしみのみやくにいえ》親王の子で、安政六年（一八五九）、京都から東叡山に入り、慶応三年（一八六七）五月に慈性《じしょう》親王の跡をうけて輪王寺門主となった。慶喜はさっそく輪王寺宮を頼り、朝廷に対して恭順謝罪したいと願い出た。

二月九日、朝廷は有栖川宮熾仁親王を東征軍の大総督に任じ、すでに先発した東海、東山、北陸の三道の軍（薩摩、長州、尾張、佐賀など二十二藩の兵からなる）の統制を命じる。十五日に参内した有栖川宮は出師表を奉り、天皇から錦旗と節刀を与えられて、御所から出陣、三月五日には駿府（現在の静岡市）に到着した。

慶喜に頼まれて上洛の途についた輪王寺宮は、駿府で有栖川宮熾仁親王に会い征東中止を求める。しかし、有栖川宮はこれを認めなかったため、空しく江戸に引き返す。

三月十二日、東征軍参謀の西郷が江戸城総攻撃のため江戸入りするや、勝海舟は会談を申し入れた。勝海舟と西郷は旧知の間柄だ。二人の会談は十三と十四日に行われたとされ、結果的に西郷は江戸城総攻撃を中止した。

西郷は勝海舟が示した徳川家処分案を新政府側に取り次ぐことも引き受けた。処分案は慶喜を故郷の水戸で謹慎させること、江戸城を開城させて田安（徳川）慶頼に渡すこと、兵器弾薬、軍艦の引き渡しなどである。

こうして四月四日、勅使が江戸城に乗り込み、慶喜の死一等を減じると発表。同月十一日、江戸城は新政府軍に呆気なく明け渡された。西郷は連日の疲れのせいか、式典の途中から眠りはじめたと伝えられる。

服罪を認められた慶喜は江戸開城の十一日早朝、黒木綿の羽織、白い小倉袴を着し、麻裏草履を履き、わずかな従者とともに上野を発ち水戸へ向かう。江戸市中の人々は、このさまを見て嘆声をもらした。水戸で三か月謹慎した慶喜はその後、七月に駿府府中へと移っていく。

この間、四月二十九日、六歳になる田安亀之助《たやすかめのすけ》（徳川家達《いえさと》）に徳川宗家を継がせるとの朝旨があり、続いて五月二十四日、徳川家は駿河府中七十万石の大名として封ぜられることが発表された。敗れた側がこのような形で生き延びたのも、明治維新の大きな特徴である。

彰義隊を討つ

江戸開城により、江戸は新政府に制圧されたが、旧幕臣などからなる彰義隊《しょうぎたい》は、輪王寺宮公現法親王《りんのうじのみやこうげんほう》の警固と徳川家重宝の管理を理由に上野山内に立て籠《こ》もる。その数は二千を超えたという。隊士の中には市中で新政府軍兵士から「官軍」の証しの肩章「錦《きん》ぎれ」を奪う者もいた。あるいは、新政府軍兵士が暗殺される事件も起こる。「官軍」の威光など、どこ吹く風といった感じだ。

明治元年（一八六八）閏四月二十三日に三条実美が関東大監察として着任し、彰義隊をどう扱うか、江戸城西の丸で軍議を開いた。その際、長州藩出身、軍防事務局判事の大村益次郎《ますじろう》（かつての村田蔵六）は討伐を主張し、自らその作戦を立てたいと名乗り出る。

ところが薩摩藩の海江田信義が、新政府軍の兵が少ないことを理由に、大村の説に異を唱えた。すると大村は海江田を指さして「彼共は戦《いく》さをすることは知りませぬ」と言ったものだから、大喧嘩になってしまう（村田峰次郎『大村益次郎先生事蹟』大正八年）。ちなみに戊辰戦争の際、こうした薩摩・長州藩出身者による確執、対立はしばしば見られたようだ。

結局、西郷隆盛が大村の主張を認めたので、五月十五日未明より新政府軍一万二千（異説あり）は、上野山に籠もる彰義隊の討伐に乗り出す。新政府軍は本郷台の陣地から、盛んに上野山内に向け砲撃を繰り返した。

上野山の城で言えば追手門にあたる黒門では、彰義隊最強と言われた八番隊などの主力が、猛攻してくる薩摩軍相手に肉弾戦を繰り広げた。

激戦地となった上野の黒門（現在、東京都荒川区円通寺に移築）

開戦前、攻撃部署を知った西郷は、作戦を立てた大村に「薩兵を皆殺しにする気か」と問うたところ、大村が「しかりと」と平然と言ったという逸話がある。しかし、激戦が予想される黒門口の攻撃は、逆に希望者が多かったというから、逸話は眉唾であろう（木村紀八郎『大村益次郎伝』平成二十二年）。

黒門が突破されるや、根津、穴稲荷門、不忍池《しのばずのいけ》付近の陣地も次々と壊乱し、彰義隊はわずか半日で敗れた。輪王寺宮公現法親王は攻撃がはじまるや、わずかな供を連れ上野山から脱出、五月二十五日夜に榎本武揚《たけあき》率いる艦隊の軍艦長鯨丸に乗り、海路東北を目指す。常陸平潟（現在の福島県北茨城市）に上陸したのは二十八日のことであった。

会津藩が標的に

敵の大将である慶喜に逃げられた新政府は、振り上げた拳を会津藩と庄内藩の頭上に落とそうとする。会津藩は京都守護職として長州藩などの過激な政治運動を弾圧したし、庄内藩は慶応三年（一八六七）十二月に、江戸で薩摩藩邸を焼き打ちしている。

特に会津藩は、長州嫌いだった孝明天皇から厚く信頼され、宸翰《しんかん》を何度かもらっている。藩祖保《ほ》科正之《しなまさゆき》（二代将軍秀忠の子）以来、徳川宗家に対する忠誠も絶対的というほど強い。

明治元年（一八六八）一月十日、新政府は会津藩主松平容保の官位を奪い、十七日には仙台藩に会津藩征討を命じた。会津藩が慶喜の叛謀《はんぼう》に与《くみ》し、錦旗に砲発したのが、大逆無道だというのである。新政府の方針は、松平容保は死罪、庄内藩主酒井忠篤《ただずみ》は領地で屏居《へいきょ》という厳しいものであった。

仙台藩は六十二万五千石、東北きっての外様の大藩だ。藩主伊達慶邦《よしくに》は二月十二日、慶喜追討を批判し、海内《かいだい》和平を望む建白書を新政府に差し出したが、効果はなかった。新政府はさらに二十五日、近くの米沢・秋田藩にも会津藩を討つよう命じる。

三月十八日には奥羽鎮撫《ちんぶ》総督九条道孝が薩摩、長州、筑前、仙台の四藩兵を率いて京都から海路、仙台湾の宮戸島に到着した。そして仙台藩に、四月七日までという期限つきで会津藩境への進撃を命じる。さらに二本松、福島、磐城平《いわきたいら》、中村藩にも仙台藩に協力するよう命じた。

仙台・米沢藩をはじめ奥羽諸藩は、九条総督らに対して必ずしも敵意はなかった。ただ、薩摩・長州藩の私怨を晴らすのが戦争の目的ではないかと疑った。総督府の参謀である薩摩藩の大山格之助（綱良）と長州藩の世良修蔵《せらしゅうぞう》の態度が傲慢無礼だったのも、不信感を強めた一因と言われる。

それに西日本と東北とでは、天皇という権威に対し温度差があったのではないか。この時代、全国が「天皇」は絶対という価値観を共有していたわけではなかったのである。たとえば皇族につながる長州藩毛利家で、「勤王」「尊王」の「志士」が大量生産されたことは理解できなくもない。それに西

復元された会津藩の牙城、会津若松城

日本の諸藩は、たとえば江戸に赴く際も京都を通過することが多く、いやでも天皇を意識してきた。しかし、東北諸藩には天皇の面影に接する機会も乏しい。だから、いきなり「勅」とか「錦旗」を突きつけられても、それだけでは動けない。仙台藩などは、なぜ長州藩は赦《ゆる》されたのに、会津藩は赦されないのかという素朴な疑問を新政府に投げかけているが、合理的な回答はなく、ただ「天皇」の命だから従えというだけでは、納得できなかったのであろう。

団結する東北諸藩

新政府首脳たちは、この戦争を最大限に利用して、地盤固めに利用しようと考えていた。参与の木戸孝允などは戦争を、「大政一新の最良法」と述べている。明治元年（一八六八）閏四月、岩倉具視、三条実美にあてた手紙には「膏薬療治《こうやくりょうじ》」で速やかに表面の形だけを整えては他日再び禍害が生じるので、戦争を徹底すべきだと訴えた。ある意味、長州藩は幕末のころ、朝廷や幕府が生半可な処分を行ったために延命し、ついには息を吹き返したのである。木戸はその恐ろしさを充分知るだけに、新政権の誕生には旧政権の誰かを生けにえにし、血祭りに挙げる必要があると冷酷に考えたのであろう。

会津藩から総督府あての降伏謝罪嘆願書を預かった仙台・米沢藩は、会津藩を救う方針で奥羽諸藩に檄《げき》を飛ばし、閏四月十一日、白石城で会議を開く。集まった諸藩重臣はその旨説明を受け、同意の嘆願書に署名した。

翌十二日、この嘆願書は会津藩の嘆願書、仙台・米沢藩主連署の嘆願書と一緒に、仙台・米沢藩主から九条総督に渡された。会津藩の封土《ほうど》を削り、鳥羽・伏見合戦の責任者の首級を差し出すことで、会津藩を許してやってほしいというものであった。

九条総督は数日検討するとして嘆願書を受理し、寛大な処置を考えようとしたが、参謀の世良修蔵は恭順謝罪は策謀だとして、断固たる沙汰を出すよう主張する。

閏四月十七日、総督府は嘆願を却下し、仙台・米沢藩に速やかに会津藩を討つよう命じた。しかし、仙台・米沢藩は動かない。仙台藩の重役は白河で世良に会い、会津藩の訴えを聞いてやってほしいと頼むが、冷然と遇された。

憤慨した仙台藩の激派は閏四月十九日、世良を福島の宿に襲って捕え、翌二十日早朝、近所の河原で首を斬った。世良が大山に送った「奥羽皆敵」と記した密書が発覚したからだと言われている（ただし偽書との説もあり）。ここまでやったら、後戻りはできない。

十九日、仙台・米沢藩主は連署した書を総督府に差し出し、降伏する者を討つなど、会津征討は公明正大ではないとし、守兵を残して解兵すると申し出た。総督府もこれを認めざるをえない。

続いて五月三日には仙台に奥羽二十五藩の代表が集まり、「奥羽列藩同盟」を議決、調印する。彼らは会津・庄内藩を寛典に処し、奥羽を安堵させてほしいと訴えた建白を、京都の太政官に差し出した。その藩は次のとおり。

仙台、米沢、盛岡、秋田、弘前、二本松、守山、新庄、八戸、棚倉、中村、三春、山形、磐城平、松前、福島、本庄、泉、亀田、湯長谷、下手渡、矢島、一ノ関、上ノ山、天童。これに新発田、村上、村松、三根山、長岡、黒川の北越六藩が加わり、「奥羽越列藩同盟」へと発展し、「奥羽越公議府」が設立された。

同盟の盟主（総裁）となったのが、上野を脱して海路、東北に逃れてきた輪王寺宮だ。六月二十八日、米沢を発った輪王寺宮は七月二日、仙台の仙岳院に入り、伊達慶邦以下諸藩の重臣に君側《くんそく》の奸《かん》（悪臣）を除くよう令旨《りょうじ》を与えた。奥州では「大政元年」と改元し、輪王寺宮を即位させて「東武皇帝」とした「東武朝廷」を誕生させたとの史料も存在する（遠山茂樹『明治維新と天皇』平成三年）。

同盟側もまた、皇族を抱えたというのは重大だ。このため海外では、日本で「南北戦争」が起こったと報じた新聞があったという。あるいは国内では、南北朝の争乱の二の舞いになると危惧する声もあがった。

東北の戊辰戦争は「官軍対賊軍」の戦いと言われるが、「皇族対皇族」「官軍対官軍」の戦いでもあったのである。

会津落城

新政府は鎮撫政策から武力征討へ、その方針を切り替え、明治元年（一八六八）五月十九日には会津征討大総督（有栖川宮熾仁親王）を、その下に白河口、平新口、越後口の三総督を置く。そして同盟軍相手に、奥羽、北越の各地で戦いを繰り広げた。

七月一日には同盟軍の本拠白河城が落ち、同月二十六日には三春《みはる》（陸奥国）藩が降伏した。さらに同月二十九日、二本松城を陥落させて破竹の勢いで、会津方面へと進撃する。

薩摩軍を中心とする新政府軍は、天然の要塞とされた保成《ぼなり》峠を破り、八月二十二日には猪苗代に進入し、続いて戸ノ口原十六橋を奪って、若松城下へ突入した。九月になると同盟軍の主力である米沢藩や仙台藩が相次いで脱落した。

さらに七月二十九日、長州軍などの猛攻により長岡城が落城して、越後街道が新政府軍に確保される。このため、越後口総督の仁和寺宮嘉彰《よしあきら》親王が錦旗をひるがえし、若松城下に迫った。米沢藩などは、薩長の私兵だと思っていたのは間違いで、まったく王師《おうし》であることがわかったと、孤立した会津藩にも降伏をすすめるありさまだ。

若松城を包囲され、ひと月にわたる籠城戦を続けていた会津藩は、ついに降伏開城を決意した。九月二十二日午前十時、追手門の上に「降参」と書いた白旗を掲げ、会津戦争は終わる。藩主松平容保は城を出て、東京に送られ謹慎した。庄内藩も同月二十七日に降伏し、藩主酒井忠篤は東京で謹慎させられた。

同じころ仙台にいた輪王寺宮も、恭順を願い出た。網代駕《あじろか》籠《ご》で東京へ送られた輪王寺宮は十一月四日、千住《せんじゅ》宿でくしくも越後口総督仁和寺宮が奥羽から凱旋する行列に出会う。仁和寺宮は伏見宮邦家親王の七男で、八男の輪王寺宮とは血を分けた兄弟であった。兄は栄光の勝者として市民や兵士たち

抗戦する会津藩士（『近世会津軍記』）

の熱烈な歓迎を受け、弟は罪人として駕籠の中という、なんとも残酷、皮肉な歴史の一幕であった（輪王寺宮は翌年九月、罪を赦された）。

箱館戦争と戦後処分

戦火はその後、蝦夷地《えぞち》（北海道）へ飛ぶ。軍艦奉行の榎本武揚らは蝦夷を徳川家の名義でもらい受け、行き場を失った旧幕臣を移住させて開拓統治を行おうと考えた。

そして明治元年（一八六八）八月二十日、旧幕府海軍を率いて東京湾を脱走し、途中会津などの奥羽諸藩の兵も糾合して、十二月、箱館（函館）で榎本を総裁とする政府を樹立する。

しかし新政府はこれを「賊」と決めつけ、彼らが籠もる箱館五稜郭《ごりょうかく》を攻撃した。新政府軍の青森口総督には清水谷公考《しみずだにきんなる》、参謀には長州の山田顕義《あきよし》（市之允《いちのじょう》）、熊本の太田黒亥和太《おおたぐろいわた》、さらに薩摩の黒田清隆（良介）が任じられる。こうして激しい攻防戦のすえ、明治二年（一八六九）五月十八日、五稜郭は陥落した。

降伏した榎本らの処分につき、薩長で意見が対立したという。長州側は極刑に処すべしと主張。一方、薩摩側は黒田清隆が中心になって寛典《かんてん》論を主張した。そこで木戸孝允は、当時鹿児島に帰国していた西郷隆盛のもとに品川弥二郎を派遣し、意見を尋ねた。品川は極刑論である。ところが西郷は、

「薩摩古来の掟にては総《すべ》て投降者を殺さぬという例でござる（中略）駿府の徳川氏に引渡すべし」と、寛典論を主張して譲らない。それでは「天下の大乱復《また》必ず生起せん」と反論する品川に対し

西郷は、もしそのような事態が起これば、薩摩藩だけの力で徹底して鎮圧してみせると言い切った(奥谷松治『品川弥二郎伝』昭和十五年)。

こうして死一等《しいっとう》を免れた投降者たちは数年間投獄された後、その多くが新政府に入った。筆頭の榎本は開拓使四等出仕として北海道開拓に尽力したり、明治七年(一八七四)一月には海軍中将兼特命全権大使、露国公使館勤務を命ぜられ、千島・樺太交換条約を締結したりと、活躍している。

東京招魂社の創建

一年五か月におよぶ戊辰戦争は政府軍三千五百四十七人、旧幕軍四千六百九十人というおびただしい数の戦死者を出し(平尾道雄『戊辰戦争』昭和五十三年による。異説あり)、終結する。こうして天皇をいただく新政権の権威は、確かなものになった。

政府は、味方の戦没者の霊を仏教式で祀らなかった。仏教は徳川幕府が加護してきた、しかも外来宗教だ。尊王攘夷を唱え、討幕を実行した薩摩藩や長州藩にすれば、趣旨に反するのであろう。

幕末、国学などが盛んになると、死者を祀る「招魂」という神事が各地で行われるようになっていた。天にある霊を一時的に地上に招き、慰めるというものである。文久二年(一八六二)十二月二十四日、京都東山・霊山《りょうぜん》の神葬祭《しんそうさい》施設である霊明舎に藩の枠を超越した六十六人が集い、ペリー来航以来「国事殉難者」の霊を祀ったのが、全国的な招魂祭の最初とされる。

幕末、戦いを繰り返した長州藩では、戦死者を祀るための招魂場が各地に設けられ、招魂祭がたびたび行われた。慶応元年(一八六五)七月五日には藩政府が招魂場を各郡に一箇所ずつ設け、その地区の戦死者を埋葬するよう命じている。

だが長州藩の場合、招魂場は開かれたものの、墓地にはならなかった。慰霊の祭事を行う場となり、戦死者の名を刻む墓碑のような霊標が建てられた。藩政府の政策に従って命を落とせば、その霊は身分に関係なく尊敬され、地区を挙げて祭り上げられるのである。だから、士気高揚に役立つ。時山弥八編『増補訂正もりのしげり』（昭和七年）によれば、長州藩領つまり山口県内には二十二箇所の招魂場が設けられていたと記録されている（その大半が現存する）。

新政府は、長州藩で盛んになった招魂場の全国版を東京に設け、そこに戊辰戦争の戦死者を祀ろうと考えた。まず、明治元年（一八六八）六月二日、二か月前に開城した江戸城西の丸大広間に神座《しんざ》を設け、新政府軍の戦死者の招魂祭を行っている。敵の権威の象徴だった場所で、味方の戦死者を慰霊するのである。新政府軍に加わった各藩は命により、戦死者名簿を提出した。

ただ、古来日本で行われてきた戦死者の慰霊といえば、敵味方の区別なく行われるものであった。たとえば近いところでは「禁門の変」後の元治元年（一八六四）八月二十四日、孝明天皇は「官軍賊軍戦死之者共為供養施餓鬼《せがき》」を知恩院、黒谷《くろだに》（金戒光明寺《こんかいこうみょうじ》）において行いたいと希望している。この場合の「賊軍」とは、御所に攻め込み「朝敵」となった長州藩のことだ。そして十月二日、知恩院で「彼我戦死者」の「冥福」が祈られる（『宮内庁蔵版　孝明天皇紀　第五』昭和四十四年）。少なくとも、死んでしまえば敵味方の垣根は、かなり低くなった。

ところが新政府は、この伝統を受け継がない。敗れた敵の戦死者の霊に対しては、あくまで「賊」として扱い、招魂社における慰霊の対象とすることはなかった。

軍務知事仁和寺宮の命で招魂社の社地選択にあたったのは、同副知事で長州出身の大村益次郎だ。明治二年（一八六九）六月十二日、大村は木戸孝允らとも協議して宮城（旧江戸城）の乾（北西）の方角にあたる富士見町一、二、三丁目と飯田町一丁目を社域とした。

こうして六月十九日、土地を東京府から受領し、突貫工事のすえ二十九日には東京招魂社が鎮座する。続いて、鳥羽・伏見から箱館までの戦いで命を散らした新政府三千五百八十八人を祭神とする、第一回の合祀祭が行われた。東京招魂社は明治十二年（一八七九）六月二十五日、靖国神社と改称され、別格官幣社に列せられることになる。

しかも、会津落城の九月二十二日は靖国《やすくに》神社大祭の日に定められた。他に大祭の日になった一月三日は鳥羽・伏見での開戦の日、五月十五日は彰義隊壊滅の日、五月十八日は五稜郭陥落の日である。このように、天皇をいただく政権に逆らうことがどれほど不義であるのかを、見せしめをつくることで知らしめ、中央集権の目的を果たそうとしたのである。

靖国神社（東京都千代田区九段北）

第六章

最後の内戦から大日本帝国へ

「信義」と「公法」の外交

話は少しさかのぼる。誕生からひと月ほどしか経っていない新政府は、戊辰戦争遂行のためにも、外交を確立することが急務となった。そんなおり、明治元年（一八六八）一月十一日、いわゆる「神戸事件」が勃発する。

開港したばかりの摂津神戸で、岡山藩の行列が衝突したフランス兵の一人を負傷させたのである。イギリス公使パークスは憤慨し、イギリス、アメリカ、フランスの軍勢を指揮して神戸を占領、さらに港に停泊していた諸藩の軍艦六隻を拿捕する。

新政府は西洋列強に対し、まだ対外政策について言明していない。それどころか、新政権が樹立したことすら、外国側に公式発表していなかった。

新政府の首脳は今後、日本が開国政策を取らねばならないのは知っていた。しかしその中枢にいる薩摩・長州藩出身者たちは先年まで攘夷を唱え、開国した幕府を非難して倒したのである。それが政権を奪うや手のひらを返し、西洋列強と手を結んだら世間はなんと思うか。しかも頑迷な攘夷論者は、まだまだ日本中に棲息していた。

ところが「神戸事件」によって、新政府は決断を

神戸事件発生地碑（神戸市中央区三宮神社）

迫られ、列強もその出方を見守った。

そのころ偶然、アメリカ留学を目指して神戸に来ていた長州の伊藤俊介（博文）は、まず旧知のパークスに会う。それから大坂に外国事務取調掛の東久世《ひがしくぜ》通禧《みちとみ》を訪ねた。伊藤は新政府誕生を諸外国に宣言し、次に「神戸事件」を処理するのが順序だと説く。東久世は伊藤の意見を採用し、朝廷に具申した。さらに新政府は、伊藤を外国事務掛に任命する。これが伊藤の、明治政府入りの第一歩となった。

一月十五日、勅使の東久世通禧は神戸の運上所（税関の前身）にフランス、イギリス、イタリア、プロシア、オランダ、アメリカの各国公使を集め、国書を交付した。

ここではじめて西洋列強に「王政復古」を知らせ、開国の方針を明らかにした。一方、列強も新政府を幕府に代わる日本代表として認める。

外国側は「発砲するよう下知《げち》致せし士官は死罪」と強く求めた。新政府は承諾し、二月九日、岡山藩の陪臣（重臣日置《ひき》家の家臣）滝善三郎に責任を負わせ、切腹させる。西洋人のかすり傷が、日本人一人の命と同等に扱われたのである。不当な要求を突っぱねるだけの力が、この時の日本にはなかったということである。

開国により、国際社会の中に放り込まれた日本にとって、「万国対峙」は大きな課題であった。それは、徳川幕府から政権を奪った新政府がそのまま引き継ぎ、今度は自分たちの手で実現せねばならない課題となったのである。

人身御供《ひとみごくう》にされた滝は死に臨み、自分は「遠国《おんごく》の者（田舎者）」だから、朝廷が外国人を丁重に扱う方針に変わっていたとは知らなかったと、語り残した。王政復古により「公法」が変わったため、自分は切腹させられるのだとも言った。

続いて二月十五日には、泉州堺を警護中の土佐藩兵が、上陸してきたフランス兵と衝突、死傷者を出す。またもや窮地に立たされた新政府は同月二十三日、土佐藩十一人を切腹させた（堺事件）。イギリス公使館の書記官アーネスト・サトウの助言もあり、明治天皇は御所紫宸殿《ししんでん》において各国公使を謁見した。二月三十日にはフランス・オランダ両公使が、三月三日にはイギリス公使が参内する。こうして和親開国は、目に見える形で国内外に知らされ、新政府（明治政府）は国際的に公認された。

当時、井上馨（聞多）は山口藩（長州藩）から新政府に徴士《ちょうし》として迎えられ、長崎で外国事務局判事として外交を担当していた。堺などの事件処理につき井上は三月二十八日、伊藤と木戸孝允にそれぞれ手紙を書いて、苦言を呈す。

井上は、幕府が滅んだのは外国に接する時、恐怖が先に立ち、その威に屈して外交を誤ったためだと分析する。そして新政府もまた、同じ誤りを繰り返し、その術中に陥ろうとしていると指摘する。どんな国が相手でも「信義」と「公法」で外交を行えと訴える。それが通用しなければ、戦いのすえ国が滅んでもかまわないではないかとも言う。かつて命がけでイギリス・ロンドンに密航し、学んだ井上の言だけに、説得力がある。

五箇条の誓文

新政府は総裁局顧問である木戸孝允の提唱により、新生日本の国としての形である国是を定めて公表した。

原案は、諸侯会盟の綱領として明治元年（一八六八）一月十日前後に参与の越前藩士由利公正《ゆりきみまさ》（三岡《みつおか》八郎）が草した「議事之体大意」だ。これに、制度取調参与の土佐藩士福岡孝弟《たかちか》が修正を加えた。さらに木戸が修正して、政府最高首脳の三条実美、岩倉具視らも加わり最終案としたのが、次の「五箇条の誓文《せいもん》」である。

一、広く会議を興し、万機公論に決すべし。
一、上下《じょうか》心を一にして、盛んに経倫《けいりん》を行うべし。
一、官武一途庶民に至る迄、各《おのおの》その志を遂げ、人心をして倦《う》まざらしめんことを要す。
一、旧来の陋習《ろうしゅう》を破り、天地の公道に基づくべし。
一、智識を世界に求め、大いに皇基《こうき》を振起《しんき》すべし。

三月十四日、天皇が御所紫宸殿で親王、公卿、諸侯以下百官を率いて神に誓う、という形をとったので「誓文」だ。その日、三条実美が祭文を奏し、誓文を奉読した。終わって三条以下百官（その数七百六十七人）が奉答書に署名している。

第一に議会を興し、すべての政治は世論に従い行うと定めたが、この部分は福岡ら土佐公議派の原案では「列侯会議を興し万機公論に決すべし」と具体的であった。しかし木戸が「列侯会議」を「広く会議」と抽象的に改めた。

王政復古の大号令により新政権が誕生するや、薩長が第二の幕府になるのではとの危惧を諸藩は抱く。戊辰戦争中でもあり、疑惑や反感を避けるため、公議政体の形をとっていくと公約する必要があったのである。

翌日には、木戸の起草による「国威宣揚の宸翰」が発せられ、国内に広まった。新しい政権にとって、国家の頂点である「天皇」という権威を、一般国民にどのように理解させるかは大きな課題であった。

東京奠都

「五箇条の誓文」は、遷都の問題ともからむ。誕生したばかりの政府参与となった大久保利通は明治元年（一八六八）一月、大坂遷都を建白したが、特に宮廷側から強い反発を受け、実現しなかった。

明治維新の政治的標語のひとつは、天皇親政だ。そのため大久保は、遷都によって天皇を伝統的な宮廷勢力から切り離そうと考える。これからの天皇は玉簾《たますだれ》の内にいる飾り物ではなく、「民の父母」として新政府の前面に立ち、政治的君主になってもらう必要があったのである。大坂は外国との交際にも、富国強兵を行って海軍を興すにも、適当な土地であった。

大坂遷都は却下されたが、天皇が大坂に行幸し、慶喜追討の前面に立つとの提案は認められる。

そこで大久保、広沢真臣、木戸孝允が御用掛となり、三月二十一日、大坂行幸が実現し、行在所《あんざいしょ》は西本願寺別院（現在の津村別院、通称北御堂《きたみどう》）に置かれた。江戸時代、京都から出たことがなかった天皇が、大坂まで行っただけでも画期的なことである。天皇は大坂に五十日間ほど滞在し、天保山で海軍の演習を視察したりした（日本初の観艦式）。

さらに五月、大久保は東国支配を確立するため、天皇が関東に親征すべきだと岩倉に提案する。

百万の人口を擁する江戸の地を衰退させるのは惜しいし、なによりも旧幕府の本拠地だから、ここをしっかり押さえる必要があった。

戊辰戦争の勝利がほぼ確定した七月十七日、江戸を「東京」と改称するとの詔が発せられた。九月八日には「明治」と改元され、一世一元の制度が定められた。

続いて東京行幸の詔が発せられると、京都市民がこれは「遷都」する気ではないかと、動揺しはじめた。東京（江戸）は徳川家康が幕府を開いて以来、政治の中心だったが首都ではない。江戸時代を通じても、都は京都のままだったのである。

九月二十日、天皇は京都御所を発ち、三千三百余人の行列で東京に行幸する。供奉する木戸は天皇に箱根で水鴨《みかも》の猟を、大磯海岸で地引き網漁を見せたりした。国民の前で新しい天皇像を訴えることに懸命だったのである。

そして十月十三日、一行は東京城（江戸城）に入り、ここを「皇居」とした。十一月六日には東京の市民に、三千数百樽もの酒が振る舞われている。

人心を落ち着けるため、天皇は十二月にいったん京都に戻ったが、翌明治二年（一八六九）三月に再び東京に「行幸」した。前後して政治の中心も東京に移り、なし崩し的ではあったが、これが事実上の「遷都」になる。

続いて、皇后の東京下向《げこう》が秋になると発表されるや、京都府民は集団で阻止運動を行った。ところが議定の三条実美は「遷都」は流言であるとの諭達《ゆたつ》を出して、これを慰撫する。その一方で三条は「国家の興廃は関東人心の向背《こうはい》にあり」にはじまる、東京遷都がいかに必要かを説いた上奏文を政府に出した。

こうした事情もあって、東京を「都」とするとの詔は現代なお発せられていない。だから「遷都」ではなく「奠都《てんと》」と呼ばれることもある。しばらくは京都に、天皇を東京に連れ去った薩長に対する憎悪が残ったという。

版籍奉還の実施

明治元年（一八六八）閏四月二十一日に公布された「政体書」は、「五箇条の誓文」に基づき、新政府の政治組織を具体的に定めたものであった。

その最初には太政官に権力を集中させ、三権分立の原則を確立すること、すなわち中央集権国家の建設が謳われていた。外圧に抗するためにも、中央集権は急務と考えられていたのである。

このため、財政力に乏しい新政府にとっても、分権的な制度である「藩」は邪魔な存在であった。特に木戸孝允は、早くから藩制度の解体に積極的だ。

明治元年（一八六八）二月、木戸はすべての大名が土地（版）と人民（籍）を天皇に返上する「版籍奉還」を、三条実美、岩倉具視両副総裁に建言している。木戸はそれぞれの藩の持つ軍事力を、政府が統制できない現状を危惧していた。これは廃藩をも意識した意見だったが、戊辰戦争中でもあり、時期尚早として採用されなかった。

しかし木戸は、なおも薩長が率先して版籍奉還を行うべきだと考え、明治元年（一八六八）四月、長崎出張の帰途、山口に藩主毛利敬親を訪ね、説明する。

続いて七月にも京都で敬親と会った木戸は、毛利家の先祖である「大江広元」の例を持ち出し、説得した。広元が源頼朝の鎌倉幕府開府に尽くしたのは、国内を統一させて朝廷を補翼する「勤王」が目的だったのであり、版籍奉還も同じなのだと説明して了解を得たという。

さらに木戸は、薩摩の大久保にも相談して同意を得た。翌明治二年（一八六九）一月十四日には京都で木戸、大久保、そして土佐の後藤象二郎が協議を重ね、版籍奉還建白の提出を決めた。その後、肥前藩（佐賀）も加わり、同月二十日、四藩の藩主が連署した版籍奉還の建白が提出される。

建前としては王土王民《おうどおうみん》の理念によるが、実は藩主たちの多くはいったん天皇に返上した領地を再交付（封土再分配）してもらえると考えていた。江戸時代、将軍の代替わりのたびに大名に与えられる「本領安堵」と同様のものと解釈されたのである。四藩主に触発され因幡、佐土原、越前、肥後など全国大部分の藩主たちが、版籍奉還を申し出る。

これを受けた新政府は、六月十七日から二十五日にかけて二百六十二藩主に順次、版籍奉還を許可していく。また、二十四日には申し出のなかった十四藩に対し、版籍奉還を命じた。

こうして版籍奉還が実現したのだが、それは藩主たちが予想していたものとは大きく違っていた。領地の再交付はなく、藩主は政府の一地方官である「知藩事（藩知事）」に任命されたにすぎない。しかも木戸の意見により、知藩事は世襲制ではなかった。こうして旧来の藩主と家臣という封建的な主従関係は、崩壊した。ただし、旧藩主は以後、華族として扱われることになる。

続いて大久保と副島種臣《そえじまたねおみ》が中心となり、新しい藩の制度「藩制」が編まれ、明治三年（一八七〇）五月二十八日、集議院に提案される。これは政府の下に藩を置くという、中央集権をはっきりさせたものであった。ところが、鹿児島、山口、高知といった有力藩が反発する。それでも紆余曲折を経て、多額の軍事費を政府に納めることや、藩債や藩札発行に頼っていた従来の藩財政を根本的に改革することなどが決められていく。

広く会議を興し云々と謳った「五箇条の誓文」を掲げてはじまった明治新政府だったが、実態はそうではない。戊辰戦争に勝利するや、薩摩・長州藩出身者とそれに伴食するような形で土佐・肥前藩出身者が政府中枢を占めた。

それは薩長出身者に、自分たちこそが血を流して政権を奪い、時代を切り拓いたという強烈な自負心が存在していたからだ。

参議の大久保利通は、時に強引なまでの手法で中央集権を進めようとしたが、明治二年（一八六九）一月二十九日の建白書では「大政維新の鴻業《こうぎょう》」は「天下の公論によって成就」したなどと、殊勝なことを述べている。

ところが同年十二月十八日、郷里薩摩の同志に示した長い文章では、次のように特権意識をむき出しにして憚《はばか》らない。

当時、政府では薩長の不和が起こっていたが、大久保はそれは「皇国の安危《あんき》」につながるという。ロシアをはじめイギリス、フランスが日本を狙っているので、「今日の急務は薩長合一して力を朝廷に尽くすにあり」と訴える。

大久保は絶大な権力を誇る薩長両藩に対する世間の批判を、「空論」だと一蹴。両藩は文久二年（一八六二）以来、「勤王」を唱え、天皇のために働いてきたと言う。王政復古も版籍奉還も両藩が中心になって行ったものであり、それに他藩が追従したというのが大久保の見解だ。

大久保は、薩長が天下の大勢を決めてきたと固く信じていた。そのエリート意識たるや、凄まじい。

「況《いわ》んや今日の力の強弱を計るに、朝廷よりも威力ある者は薩長なり」

「薩長は皇国の柱石なり。命脈の係わる所なり。両藩不相合は皇国の命脈を縮むる所以なり」

「薩長合一を汲々として説くものは国内一定一和の基を此に開いて天下の人心をして国家不朽の安を知らしめ、朝廷の根軸《こんじく》を確定する所以なり」

などの文言が並ぶ。

彼らは中央の官僚である半面、各藩の利益の代表者でもあった。だから派閥をつくり、権力闘争を繰り返すことになる。それは廃藩後も、続くことになった。

長州諸隊の脱隊騒動

藩が解体され、中央集権が進めば、当然路頭に迷う武士や兵士が出てくる。「維新の勝者」であった山口藩でも、戊辰戦争から凱旋してきた奇兵隊など、諸隊による反乱事件「脱隊騒動」が勃発した。

五千人以上に膨れ上がった兵士を持て余した藩は、明治二年（一八六九）十一月二十七日、諸隊の隊号を廃して二千二百五十人を精選。常備軍四大隊として残し、あとは解散させると発表する。常備軍は、いずれ天皇の親兵として差し出されるはずであった。

ところが常備軍への選抜は身分が重視されるという不公平な一面があり、論功行賞も不充分なままであった。憤った遊撃軍、奇兵隊、鋭武隊などの兵士一千二百以上は、隊を脱して周防宮市《すおうみやいち》（現在の山口県防府市）に集まり、藩内に十八の砲台を築き、藩政府と対立する。さらに除隊者まで加わり、反乱軍は二千人にも膨れ上がった。

東京から帰省した木戸孝允は知藩事毛利元徳《もとのり》らに対し、断固武力による鎮圧を主張し、戦いを開始した。木戸はかつて、時代から脱落していく武士たちのことを「政事の為には甚だ邪魔もの」と呼び、救済に頭を抱えていたが、ひとたび反乱が起こるや、強硬に排除する道を選ぶ。

戦いのすえ、強力な指導者を持たない脱隊兵は各地で敗走し、ついに百人を超す刑死者を出して「脱隊騒動」は終息した。奇兵隊など長州諸隊の歴史に、血みどろの幕が下ろされたのである。

ところが、「脱隊騒動」で敗れた一部の兵士や、扇動者とみなされた大楽源《だいらくげん》太郎《たろう》などは九州に逃れ、久留米藩を頼る。攘夷論者の大楽は、開国路線を進む新政府に激しい不満を抱いていたが、それが時代に乗り遅れた久留米藩士たちの共感を呼び、さらには新政府に不満を抱く京都の公卿たちとも結びついて、全国規模の政府転覆未遂事件に発展した。

脱隊兵が処刑された柊刑場跡の慰霊碑（山口市大内）

明治三年（一八七〇）四月、東京では旧幕臣の救済を唱えていた米沢藩出身の雲井竜雄《くもいたつお》が、政府転覆を企んでいた罪で捕えられ、処刑された。雲井は戊辰戦争さなかの明治元年（一八六八）六月、「討薩檄《とうさつのげき》」を東北諸藩に送り、政権交代は認めるものの、新政府の「門出」が「薩賊」の手で汚されてはならないと説き、これを討つよう説いた人物である。

明治四年（一八七一）一月九日には長州出身の参議である広沢真臣が、東京・富士見町の自宅で愛人と同衾《どうきん》中、何者かに暗殺されるという事件が起こったりもした。一説によれば、雲井一派の残党が犯人ともいう。

こうした「第二の維新」を起こそうとする「邪魔もの」たちの抵抗は、佐賀や熊本、萩などの不平士族による反乱や、西郷隆盛による明治十年（一八七七）の「西南戦争」にまで連なっていくのであった。

西郷隆盛と庄内藩

東北の出羽庄内藩は、江戸警備を担当していた慶応三年（一八六七）十二月二十五日、薩摩藩邸を焼き打ちした。このため、戊辰戦争では会津藩とともに新政府から目の敵にされ、「賊」として激しい攻撃を受け、明治元年（一八六八）九月に至り降伏する。

同月二十六日、藩主酒井忠篤は鶴岡城を出て城下の寺院で謹慎、藩校致道館《ちどうかん》は新政府軍の本営となった。翌二十七日、忠篤は致道館で参謀の黒田清隆《きよたか》に会う。黒田は今後の沙汰については北越の総督府から出るとし、自分は城を受け取り、兵器弾薬を収めるのみだとし、軍門に下った忠篤に対し気遣いすら見せたという。

屈辱的な扱いを受ける覚悟をしていた忠篤だったが、黒田の公明正大な態度に感激する。忠篤は黒田の上にいる、征討大総督府参謀代西郷隆盛という人物に興味を抱く。

「庄内藩には、復古の大旨が通ぜず、朝旨のあるところが達しなかったのである。その実情は推察すべきものがある」

と考える西郷は、会津・庄内藩とも旧領に安堵させるつもりだったという（致道博物館『庄内と大西郷』昭和三十九年）。

十二月七日になり、東北諸藩への処分が発表される。庄内藩は忠篤が死一等を減ぜられて謹慎が命じられ、いったん没収された封土は十二万石が与えられるという、寛大なものであった。

東北の戦いが終結するや、十月十一日、西郷は鹿児島に帰る。軍功として太刀料三百両を受け、明治二年（一八六九）二月二十五日には鹿児島藩参政となった。

明治三年（一八七〇）八月、十八歳の忠篤は鹿児島の西郷に使者を派遣し親書を届け、親交を持ちたいと望む。さらに十一月には藩士七十余人を引き連れて、鹿児島を訪ねる。忠篤一行は百日間あまりも滞在したが、この間、西郷から親しく教えを受けた。

西郷隆盛

忠篤とともに西郷に接した菅実秀《すげさねひで》、三矢藤太郎《みつやとうたろう》、石川静正《しずまさ》ら家臣たちは、庄内に帰って西郷の言行録をまとめる。これが『南洲翁遺訓』（のち『西郷南洲先生遺訓』）だ。当初は筆写されて伝わったが、明治二十三年（一八九〇）になってはじめて印刷刊行され、現在に至るまでさまざまな形で出版されている。西郷は、自らの考えをまとめた著作を残していない。だから庄内人の目を通して見た、遺訓の西郷像が広まっていく。

この遺訓を読むと、西郷が一国の政治を行うのは、一部の支配者だと考えていたことがわかる。だから、現代人のような民主主義的な考えはない。ただ、その支配者は「天の道」を実践しなければならないと言う。西郷にとって「天の道」は理想ではない。「明治維新」とは、「天の道」そのものであるはずであった。ところが、早くも失望していたことがうかがえる。少し長くなるが、その一節を次に紹介しておく。

「万民の上に位する者は、わが身を慎み品行を正しくし、驕《おご》りをいましめて節倹《せっけん》に勉め、自分の職務に励んで人民の手本となり、人民がその仕事ぶりの苦しさを気の毒に思うようでなければ政治が行きとどかないものだ。

新しい政治ははじまったばかりである。それなのに、万民の上に立つ者が立派な家に住み、きれいな衣服を着、美しい女を側におき私財をふやそうとしているようでは維新の大理想は実現できない。

いまような状況では、戊辰の義戦が、まるで私事のために行なわれたとしかいいようのない結果になっており、天下に対し、戦死者に対して面目が立たぬ」（現代語訳、奈良本辰也・高野澄『西郷隆

盛』昭和五十四年）

西郷はこのように言って、涙したという。その後、西郷は藩政顧問、藩大参事となり郷里で士族政権を築いていく。ところが、明治四年（一八七一）一月十三日、四十五歳の時、勅使の岩倉具視や大久保利通の求めに応じ、再び東京の中央政府で職を得ることになった。

親兵を設置

日本の天皇は軍事力を持たない、世界でも類を見ない権威として続いてきた。だからこそ天皇の「言葉」とか「筆跡」に異常なまでの価値がつき、神格化された。そのためならば、命も惜しくないと言う者が出てくる。

しかし、明治天皇を政治の指導者として第一線に立たせ、中央集権国家を実現させるのが「王政復古」であり「明治維新」だ。そうなると現実問題として、実力を備えないわけにはいかない。それぞれの藩が軍事力を持っていては、よろしくないのである。

廃藩を実現するためには、在藩中の有力者を中央政府に取り込む必要がある。そこで明治三年（一八七〇）十二月二十五日、岩倉具視が勅使となり、鹿児島、山口に派遣された。島津久光、毛利敬親、そして西郷隆盛などを中央政府に呼び寄せようというのである。

西郷は中央政府の改革を望んでいたので、上京を承諾する。これで西郷と強大な鹿児島の不平士族との連携を、一応は断つことができた。

さらに翌明治四年（一八七一）一月、山口からは前年十二月に先着していた木戸孝允が一行に合流した。ただし、勅書を受けたものの、毛利敬親は病気を理由に上京猶予を願い出る。実際、敬親の健康状態は悪化していたようで、同年三月二十八日、病没した。

続いて高知藩も巻き込むため、西郷、大久保、木戸の三傑は高知に赴き、大参事の板垣退助を迎えて二月三日、東京に戻る。

お膳立てが整ったので二月十三日、鹿児島、山口、高知の三藩から兵を徴し、親兵として編成される旨の布告が出された。西郷と木戸は、それぞれ自藩に帰って周旋する。

その結果、六月半ばになり、薩長土の三藩から徴せられた一万（八千とも）からなる親兵（歩兵、騎兵、砲兵）が東京に集められ、兵部省《ひょうぶしょう》の管轄下に置かれた。今後もし、天皇政権の方針に承服しない者がいれば、武力に物を言わせる態勢が整ったのである。

四民平等の徴兵令

鹿児島藩は士族とその家族の割合が、全人口の三分の一を占めていた。全国平均の士族率は七パーセントというから、圧倒的に多い数である。だから明治になり「国軍」を設ける際も、薩摩派は士族から兵を募ろうと主張する。それを実現させたのが、鹿児島、山口、高知の三藩から集めた親兵だ。

しかし、「国軍」には、もうひとつの構想があった。長州出身の兵部《ひょうぶ》大輔《たいふ》大村益次郎が唱えていた、国民から身分に関係なく徴兵するというものであった。これは幕末、奇兵隊に代表されるように、長州藩が官民一丸となり西洋列強や幕府と戦った経験によるところが大きい。

ところが、名誉や特権を奪われる士族たちの反発は凄まじいものがあった。そのため大村は京都で刺客に襲われ負傷し、明治二年（一八六九）十一月五日に大阪の病院で他界する。それでも、いわゆる「国民皆兵」の方針は兵部省に受け継がれることになった。

大村の後継者となったのが、幕末のころ奇兵隊で軍監を務めた山県有朋だ。山県は明治三年（一八七〇）八月、普仏戦争を視察して欧州から帰国した。兵部少輔、続いて兵部大輔となって、国民皆兵の実現に向けて尽力する。

そして明治五年（一八七二）十一月二十八日、「全国募兵ノ詔」が発せられた。かつて、兵事は武士の仕事であった。それが「明治維新」により四民が平等になったため、全国の男児は二十歳になったらことごとく兵籍に編入する義務があるのだと説く。続いて翌明治六年（一八七三）一月十日、「徴兵令《ちょうへいれい》」が告示された。

面白くない薩摩藩出身の桐野利秋《としあき》は「彼れ（山県）土百姓《どびゃくしょう》等を衆《あつ》めて人形を作る。果たして何の益あらんや」と批判している。これに自らの意見を公表せず、山県を助けたのが西郷隆盛であった。西郷は弟の従道《つぐみち》を陸軍少輔として、徴兵制の実現に努めさせた（栗原智久『桐野利秋日記』平成十六年）。

また、民衆の反発は甚だしく、徴兵されると生血を採られるといった流言まで流れた（西洋の血税が誤解されたため）。

もっとも、免役者も多かった。その条件は身長五尺一寸未満の者、体の弱い者、戸主やその相続人、代人料《だいにんりょう》二百七十円を支払った者などで、明治七年（一八七四）当時でも対象者全体の八割を超えていたという。結局は貧農の次男、三男以下の者が軍隊の中心であり、当初「国民皆兵」は絵に描いた餅であった。

発足時の日本の軍隊の定員は三万五千三百二十人で、人口比〇・一一パーセントと世界の他の国と比べてもかなり低い。しかし、国家財政の中で軍事費はおよそ二十パーセントを占めており、当時の財政事情の中では最大限の支出でもあった（中村哲『日本の歴史16　明治維新』平成四年）。

廃藩置県

「神戸事件」の処理が評価され、初代兵庫県知事に就任した伊藤俊介こと博文は明治二年（一八六九）一月、今後の日本国の姿を六か条に分けて説いた「国是綱目《こくぜこうもく》」を建白する。これは「兵庫論」とも呼ばれ、皇統維持や版籍奉還、外交、教育などにつき述べられているが、なによりも「廃藩」が意識されている点が問題となった。なかなか理解されるはずもなく、憤った反対派は伊藤の命を狙う。このため伊藤は政府の議定《ぎじょう》岩倉具視のすすめもあり、東京に転任して大蔵大輔《おおくらたいふ》になった。

廃藩はよほど慎重に進めなければ、伊藤の二の舞いになることは、誰の目にも明らかである。ところが電光石火のごとき勢いで、それは実施されることになった。

明治四年（一八七一）七月四日、長州出身の中堅官僚とも言うべき鳥尾小弥太《とりおこやた》と野村靖が、兵部少輔《ひょうぶしょうふ》の山県有朋に廃藩の必要を説いたのがはじまりだ。同月六日、山県は民部大輔《みんぶたいふ》の井上馨を通じて木戸孝允に伝え、また同日に西郷隆盛を訪ねた。木戸はもちろん賛成したが、西郷が最大の難関であると思われた。

ところが西郷も同意する。実は幕末のころから、西郷は長州人の中では山県を最も信頼している。

西郷はただちに大久保と話し合い、同意を得た。こうして十一日まで木戸、西郷、大久保、山県の間で話し合いが続く。

十二日には廃藩の決行が最終的に合意され、はじめて三条実美、岩倉具視にも伝えられた。後藤象二郎ら高知藩を誘わなかったのは、大久保が彼らを信用していなかったからだといわれる（佐々木克『大久保利通と明治維新』平成十年）。大政奉還、王政復古のころの後藤らの動きを、面白く思っていなかったのかもしれない。

続く十四日、鹿児島の島津忠義（かつての茂久）、山口の毛利元徳（かつての定広）をはじめとする在京の知藩事五十六人が東京城の大広間に集められ、そこで廃藩置県の詔勅が発せられた。天皇の名において全国二百六十一の「藩」は、一方的に廃止されて「県」となった。

旧藩主の知藩事はすべて免職となり、家禄と華族身分を保証されて東京に移住することになる。琉球を除き、これまで設置されていた県とあわせ、三府（東京、大阪、京都）三百二県からなる一応の統一国家が誕生した（同年十一月に三府七十二県、明治二十一年には三府四十三県に整理統合）。府知事、県知事（県令）は中央政府から派遣されることになった。

藩の持っていた軍事力や徴税の権限、借財までも中央政府に移されたが、恐れていた反乱などは起こらなかった。しかし、木戸などは眼前に平伏する旧主毛利元徳を見て胸が詰まり、涙が落ちたと複雑な思いを日記に記している。

もっとも、全国二百六十以上の大名をはじめ、既得権を奪われた者たちに不満が残らないわけがない。鹿児島にいた島津久光などは憤慨し、天皇に建言書を呈す。久光は国の基《もと》を立て、綱紀粛正を図らねば、皇統も共和政治の悪弊に陥れられ、ついには洋夷《ようい》の属国になってしまうと訴える。さらには西郷、大久保の罷免まで望んだ。

こうして中央集権は実現され、司法省と文部省が、次いで正院（中央政府）、左院（諮問機関）、右院（調整機関）が設置された。大臣は太政大臣が三条実美、右大臣が岩倉具視というように、公家出身者である。参議は木戸、大久保、大隈重信のように薩長土肥《さっちょうどひ》の出身者で占められたが、唯一の例外は幕臣出身の勝海舟であった。これが自由民権運動などで批判された「有司専制」であり、明治十八年（一八八五）、内閣制に切り替わるまで続く。

岩倉遣欧使節団が出発

中央集権が進むにつれ、対外的にも幕末のころ結ばれた不平等条約を改正して、国家の独立を求めようとする機運が高まる。条約の中に盛り込まれていた改正の期限は明治五年（一八七二）五月二十六日、太陽暦（新暦）ならば一八七二年七月一日に迫っていた。

しかし、改正は国際法（列国公法）に従わねばならず、ならば日本国内の法制度の整備が不充分であり、改正交渉は困難である。そこで新政府誕生の挨拶をし、改正の意思があることを伝え、期限を三年間延ばしてもらうための「岩倉使節団」が、アメリカ、イギリス、フランス、ドイツなど条約締結十二か国に派遣された。

こうして、廃藩置県からわずか四か月後の明治四年（一八七一）十一月十二日、右大臣岩倉具視を特命全権大使、参議の木戸孝允、大蔵卿の大久保利通、工部大輔《こうぶたいふ》の伊藤博文、山口尚芳《なおよし》（肥前佐賀）

を副使とする使節団が横浜港から旅立つ。

太政大臣の三条実美は「行けや海に火輪《かりん》を転じ、陸に汽車を輾《めぐ》らし、万里馳駆《ばんりちく》、英名を四方に宣揚し、恙《つつが》無き帰朝を祈る」と、はなむけの言葉を送った。岩倉が四十七歳、木戸が三十九歳、大久保が四十二歳、伊藤が三十一歳、山口が三十三歳と、新生日本の最高首脳部は実に若い。

一行は約五十人に留学生や従者など数十人を加えた総勢百人ほどであった。副使は薩長肥出身者が占めたが、その下に配された書記官二十人ほどの中には田辺太一、福地源一郎など、英語や仏語に長けた旧幕府出身者も起用された。

横浜から二十三日間の船旅のすえ、一行が最初に訪れたのはアメリカ・サンフランシスコである。知事や前知事、そして市民から大歓迎された。

晩餐会で伊藤は演説を行ったが、「わが日本の政府および国民が熱望していることは、欧米文明の最高点に達することであります」と述べ、「数百年来の封建制度は、一個の弾丸も放たれず、一滴の血も流されず、一年のうちに撤廃されました」と誇り、国旗の日の丸を指して「わが日本が欧米文明の中原《ちゅうげん》に向けて躍進するしるしであります」と締めくくって、大喝采を浴びる。いわゆる「日の丸演説」である。なお、血を流さず実現したというのは「廃藩置県」のことだ。

その後もアメリカ各地で熱烈な歓迎を受けたため、一行の中にはこのまま一気に条約改正まで持ち込めるのではと、錯覚する者が出てくる。

副使の伊藤や当時ワシントンに外交官として在勤中の森有礼《もりありのり》も、この際、多少譲歩しても改正調印に持ち込んだほうが、日本の近代化を進める上で有利だと強くすすめた。二人の西洋事情通から言われて、岩倉らの心が動く（犬塚孝明『森有礼』昭和六十一年）。

国務長官フィッシュから、交渉には天皇の全権委任状が必要だと指摘されると、副使の大久保と伊藤は当初の予定を変更して、いったん帰国した。

その間、岩倉や木戸はフィッシュと交渉を数回行う。しかし、アメリカ側は日本側が切望する関税自主権回復も領事裁判権廃止も容易に認める気などなく、しかも外国人の内地解放（居留地など特定の地域以外でも居住できること）、日本の輸出税全廃などを求めており、容易に妥協点が見出せないことがわかってくる。

結局、四か月後、委任状を携えた大久保、伊藤がワシントンに到着するや、平行線をたどっていた交渉は打ち切られた。以後、各国で条約改正は、打診されなくなる。この失敗は、木戸と大久保、伊藤の間に感情的な溝を残した。

岩倉使節団は旧暦で言う明治五年（一八七二）七月三日、ボストンを出港してイギリスに向かい、十一月五日、イギリス女王ビクトリアに謁見して国書を渡す。

サンフランシスコに到着した岩倉使節団首脳。左より木戸、山口、岩倉、伊藤、大久保

次いでフランスに赴き、二か月近くパリ付近を視察した。翌明治六年（一八七三）二月にはパリを発ちベルギー、オランダ、三月にはドイツに入り、ベルリンでビスマルク首相に面会している。普仏戦争に勝利して列強の仲間入りを果たしたばかりのドイツは、大久保や木戸の目には、特に身近な、手本とすべき国として映ったようだ。

彼らは西洋諸国をめぐった結果、西洋と日本との文明差は四十年と見て、追いつくためには近代産業を盛んにし、富国を優先することだと知った。西洋に追いつき、肩を並べることが近代国家になること（脱亜入欧）であり、アジアの中で独自の近代化を進めようという視点はあまり持たなかった。

ただ、慎重な木戸などは過度な開化には反対で、たとえばアメリカの教育制度に注目しながらも、その「長所」のみを採用するよう述べている。

大久保はイギリスの富強を、ドイツの宰相ビスマルクのような強い政治力で達成しようと考えたようだ（佐々木克『大久保利通と明治維新』平成十年）。

そして木戸、大久保両者ともに、国家の根本である法制度の制定、とりわけ憲法が必要だと痛感するようになる。二人は帰国後相次いで、憲法制定の意見書を提出した。

プロシア憲法を参考にした木戸の手記によれば、「君臣同治の憲法」を目指しながらも、「人民の会議」を設けるには、人民の進歩が不充分であるとする。そのため「政府の有司（官僚）万機を議論し」、天皇が「独裁」という手続きで制定すべきだとの考えを伴っていた。「天皇陛下の英断を以て民意を迎へ、国務を条例し、その裁判を課し以て有司の随意を抑制し、一国の公事に供する」よう決め、ならば「独裁の憲法」であっても、「他日人民の協議起るに至り、同治憲法の根種」になるというのである。

一方、大久保はイギリスを念頭に置き、「君民政治」の採用を考える。ただし、民力が未熟な日本の現状では無理とし、当分は「君主政治」で行くべきだとした。しかし、将来的には君主と人民の共議で国憲（憲法）を定め、それに基づき国政を行うことを理想としていたのである。

両者とも、国民が国の舵を取るには時期尚早と見ていた。

山城屋和助事件など

明治の新政権を担った勢力を薩長土肥《さっちょうどひ》というが、肥前こと佐賀藩だけは、幕末の国政にあまり関わっていない。

江戸時代、佐賀藩は福岡藩と長崎警備を担当しており、外圧の問題に対しては早くから熱心に取り組んでいた。十一代藩主の鍋島直正は開明派として知られ、諸産業を奨励し、その利潤で盛んに洋式工業を導入する。大砲、小銃をはじめ造船や蒸気機関まで自分たちで製造した。

政治方面では日和見的な態度を貫くが、戊辰戦争でようやく近代兵器を手土産に討幕陣営に加わる。薩摩・長州・土佐藩に比べると後発だったが、新政権は、佐賀藩が持つ洋式工業やキリシタン対策など、さまざまな知識を必要とした。そこで多くの官僚を新政権に送り込み、その一翼を担うことができた。

なかでも江藤新平《しんぺい》はいち早く頭角を現し、文部大輔《もんぶたいふ》、左院副議長などの要職を経て、明治五年（一八七二）四月には初代司法卿に就任し、司法権の独立を進める。日頃から江藤は、薩長の専横をなんとか抑えようと考えていた。そして特に長州人たちと、激しく対立することになる。

まず、「山城屋和助《わすけ》事件」が起こった。横浜を拠点とする和助は兵部省（のち陸軍省）の御用商人として巨万の富を築き、さらに陸軍大輔山県有朋を通じ、兵部省の官金をひそかに引き出して資金とし、生糸貿易を行って巨利を得ていた。

ところが普仏戦争の影響から突然ヨーロッパで生糸が大暴落し、和助は借りていた六十五万円（異説あり）が返納できなくなる。このため渡欧して奔走するがうまくいかず、帰国。関係書類一切を焼却した後、明治五年（一八七二）十一月二十九日、東京三宅坂の陸軍省の一室で自害して果てた。享年三十七。

当時の新聞は、謎に包まれていた和助の前歴を調べて、愕然となる。彼は周防国玖珂《くが》郡本郷村（現在の山口県岩国市）の出身で、幕末のころは奇兵隊に入って小隊長となり、各地を転戦して功を立てた「野村三千三《みちぞう》」と同一人物だったのである。維新後はなぜか軍部に入らず、前歴を隠し、旧知の山県とのパイプで得た公金を元手に商売に励み、成り上がったのである。もちろん、山県ら長州系の陸軍幹部たちは、多大な賄賂《わいろ》を得ていたと思われる。

山城屋和助

結局、証拠の大半が失われているので、江藤も深くは追及できなかった。それでも山県は近衛都督を辞して謹慎し、長州派は大打撃を受ける。

また、江藤は留守政府の財政、経済を握る大蔵大輔の井上馨と、激しく対立。江藤は大蔵省の管轄下にある府県から、裁判権を奪おうとしたり、司法省の予算獲得をめぐり井上を非難したりした。正院では江藤が制度を変えて、大蔵省の権限を縮小してしまう。憤慨した井上は新聞に大論文を発表して反論し、明治六年（一八七三）五月、大蔵大輔を辞してしまった。

なお、山県は明治六年（一八七三）六月、初代陸軍卿として復活している。これは西郷隆盛が、山県をかばったからだ。西郷は長州人の中では山県を最も信頼していたし、国内の情勢が不安定な時期に、軍事力が必要だと判断したからである。

「明治六年の政変」

留守政府は明治六年（一八七三）一月、使節団の副使である木戸孝允と大久保利通に帰国するよう命じた。

こうして大久保はベルリンから帰路につき、五月二十六日に帰国。木戸は希望してロシアを視察し、その後オーストリアのウィーン万国博覧会開会式に参加しながら、七月二十三日に帰国する。

大久保、木戸が驚いたのは出発前、留守政府との間で交わした十二か条からなる約定が次々と破られ、参議にいたる人事まですっかり変えられていたということだ。

そのころ留守政府では、いわゆる「征韓論《せいかん》」が問題化していた。開国に応じない朝鮮に使節を送り、決裂すれば武力で解決しようと過激な意見を述べる者もいた。朝鮮半島が近代化できるか否かは、日本の国防問題とも深刻に関わるのである。

このころの閣議の人員は太政大臣が三条実美、左大臣が欠員、右大臣が岩倉具視、参議が西郷隆盛、木戸孝允、板垣退助、大隈重信、後藤象二郎、大木喬任《たかとう》、江藤新平の八人である。うち大隈、大木、江藤の三名は肥前佐賀藩出身であった。

八月十七日に開かれた閣議では、西郷を朝鮮へ使節として派遣することが内定された。三条は十九日、箱根で避暑中の明治天皇に上奏したところ、岩倉具視の帰国を待って再評議せよと言われる。

その岩倉が伊藤博文らとともに帰国したのは九月十三日だ。世界の大勢を見てきた岩倉は、大久保、木戸、伊藤らとともに「征韓論」に反対した。朝鮮を属国とする清朝中国と敵対する危険があったし、なによりも内治によって国内統一を優先せねばならなかった。

ところが木戸は、病床に伏して閣議に出てこない。大久保は参議に就任することを拒んだが、それは同郷の西郷と直接対決したくなかったからだともいう。

それでも岩倉は伊藤と粘り強く奔走し、十月十二日、ついに大久保を参議に就かせて、閣議に送り込むことに成功した。外遊中から大久保との関係が悪化していた木戸だったが、大久保の参議就任を喜ぶ。内地優先が薩長、それに反するのが土肥という大まかな対立の構図ができていたのである。

こうして十月十四日に閣議が開かれ、木戸を除く大臣、参議が出席した。西郷は使節派遣を主張し、これに板垣、江藤、後藤、副島種臣が賛意を示す。一方、岩倉、大久保らは反対を唱えた。

翌十五日の閣議には、言うべきことは言い尽くしたと西郷が欠席。木戸ももちろん病欠。大久保は孤軍奮闘して反対したが、太政大臣の三条が西郷の辞職を恐れ、朝鮮派遣を決定してしまう。大久保は辞表を提出し、木戸もそれに続いた。

ここが重要なのだが、閣議で使節派遣は決まったのである。西郷は「征韓論争」で敗れたのではなく、勝ったのである。

ところが二十三日、太政大臣代理の岩倉が明治天皇に閣議の経緯と使節派遣を上奏した際、自分は派遣に反対だと述べる。さらにその利害得失を説いた「奏聞書」を出す。すると、どんでん返しが起こった。

岩倉の説明を聞き入れた天皇は二十四日朝、内治を第一とする直筆の勅書を出す。閣議で決まった西郷の使節派遣は延期となり、征韓派は一転して敗れた。天皇の鶴の一声が、すべての経緯をぶち壊す。これではなんのための閣議がわからない。

すでに前日、西郷は病気を理由に辞官を望んでおり、二十四日には板垣、後藤、江藤、副島も参議を辞し下野した。西郷もまた、鹿児島に帰郷。これが、「明治六年の政変」である。政府内における土肥の勢力は排除され、再び薩長の時代がやって来た。

板垣や後藤らは「有司専制」を非難し、国会開設を求めて明治七年（一八七四）一月十七日、「民撰議院設立建白書」を政府に提出、同時に土佐に立志社を設立して自由民権運動をはじめる。

江藤は同年二月、故郷で不平士族とともに「佐賀の乱」を起こすも敗走、捕えられ刑死する。

なお、参議を辞任した西郷ら五人に代わり、伊藤博文、勝海舟、寺島宗則の三人が新たに参議に就任した。伊藤は工部大輔から工部卿に昇格して参議を兼ねたのだが、これは木戸の推薦によるものであった。

陸軍卿の山県有朋も参議の最有力候補だったが、選ばれなかったのは、それまで崇拝し世話になっていた西郷に気を遣い、「征韓論争」の際、木戸側に立って動かなかったからだという（伊藤之雄『伊藤博文』平成二十一年）。山県が参議を兼ねるのは、明治七年（一八七四）八月のことだ。

大久保利通と内務省

「明治六年の政変」後、大久保利通の主導により、大蔵、工部、司法の各省から殖産興業関係と民政関係の各部局を移し、新設された「内務省」という、強い行政権限を持つ中央官庁がある。

「国内安寧」「人民保護」を謳い、明治六年（一八七三）十一月十日に内務省設置が発表され、翌明治七年（一八七四）一月に管掌《かんしょう》が示されて、省務が開始された。初代内務卿は大久保利通である。

大久保は、特にイギリスが資本主義国家として繁栄しているのを見て、そのもとは近代工業と貿易、そして鉄道にあると分析していた。このため

大久保利通銅像（鹿児島市西千石町）

地方行政と警察行政とともに、勧業行政が省務に加えられている。大久保は建議書の中で「人民の工業を勉励する」と述べ、民業の振興に期待している。

さらに、内政優先を主張して「征韓論」を退けた大久保だったが、台湾に漂着した琉球船の乗組員が殺されたのを機に、明治七年（一八七四）五月には「台湾出兵」を強行した。

その結果、木戸孝允をはじめ多くの政敵が下野し、孤立無援状態になってしまう。こうした状況を見かねたのは、使節団以来、大久保に接近していた参議の伊藤博文だ。

伊藤は井上馨とともに、下野した木戸孝允と板垣退助を政府に復帰させ、藩閥の均衡を取り戻し、民権派の圧力を減じようとした。説得を受けた三者は会談を承知したが、問題は場所である。

東京では目立ちすぎる。山口や高知というわけにもいかない。そこで伊藤が注目したのが大阪であった。

まず、大久保が有馬温泉での湯治を名目に大阪に入った。続いて明治八年（一八七五）一月、木戸が下関から海路やって来る。一月中旬になると民撰議院設立建白のため奔走中の板垣も姿を現す。

こうして、いわゆる「大阪会議」が北浜の加賀伊《かがい》（現在の花外楼《かがいろう》）という料亭で開かれた。大久保は立法の元老院と司法の大審院の設立、地方官会議の設置、内閣と諸省の分離など三権分立体制への移行を示し、合意が成立した。

木戸と板垣は東京に戻り、三月に参議に復帰するや、大阪会議の成果は早くも表れる。同年四月十四日に、

「朕《ちん》、今誓文の意を拡充し、ここに元老院を設け以て立法の源を広め、大審院を置き以て審判の権

を犖《かた》くし、又地方官を召集し以て民情を通し公益を図り、漸次に国家立憲の政体を立て、汝衆庶《なんじしゅうしょ》と倶《とも》にその慶《よろこび》に頼《たのま》んと欲す」

との詔勅が出されたのである。こうして正院の制度が改革され、左院、右院が廃止されて、元老院、大審院が設置された。地方官議会も六月二十日開かれることが決まる。

「萩の乱」が勃発

「明治維新の勝者」である長州でも、その恩恵にあずかった者は、ほんの一握りの人たちにすぎない。時代の風穴を開けるため、最も血を流したとの強い自負があるだけに、旧山口藩士族たちの不満は日増しに募っていく。そして三百三十二人が、元参議の前原一誠《まえばらいっせい》を首領に仰ぎ、新政府打倒を目指して立ち上がることになった。「萩の乱」である。

長州藩士だった前原は師の吉田松陰から、その「誠実」な人柄を高く評されたことがある。明治二年（一八六九）二月、前原は越後府判事に任ぜられた。現代で言うところの新潟県知事である。武士という治者《ちしゃ》であるゆえ、前原は民政に力を注いだ。戊辰戦争の戦火で疲弊した越後の地で租税半減、信濃川治水

前原一誠

工事に心血を注ごうとした。

ところが、中央政府の木戸孝允らは、こうした前原の独走を危険視する。そして前原を越後から切り離すため、地位を上げて東京に呼び寄せようとした。前原は当初渋ったが、結局九月十二日になり従四位に叙せられ、参議に任ぜられて東京に向かう。続いて十一月、大村益次郎が没するや、その後任として兵部大輔の椅子に座らせるが、本人はさっぱり嬉しくなかったようである。

その年の十二月、山口藩で諸隊が脱隊騒動を起こすや、前原は帰国して話し合いでの解決を望んだ。ところが前原の帰国願いは中止となり、木戸が帰国し、兵力をもって鎮圧することになる。前原は憤慨し、翌明治三年（一八七〇）九月一日、辞職願いが受理されたため、萩に帰って隠棲した。

当時の萩は、三千以上の戸数を占めたと言われる士族たちが、「明治維新」により特権を奪われ、路頭に迷っていた。前原はたちまち、彼らの首領に祭り上げられていく。

明治七年（一八七四）に「佐賀の乱」が起こった際、前原は政府に協力して反乱軍が山口県に侵入するのを防ぐため、義兵（護国軍）を募った。それに対し三千人以上（異説あり）も集まったというから、故郷における前原の影響力がいかに絶大だったかがうかがえる。

しかし、前原は政府が進める欧化政策に保守的立場から反発し、地租改正や士族の解体政策にも異を唱えた。一方、国権を拡張するための「征韓論」には賛同していた。その考えが、萩士族たちに浸透していく。これを危険視した木戸は明治八年（一八七五）、前原に元老院議官への就任をすすめたが、拒否された。その後、鹿児島から西郷隆盛、桐野利秋の内意を受けたという者が来て、前原の胸中を探ったりしたが、彼らは政府側のスパイだったようだ。木戸は明治九年（一八七六）四月三十日の日記に、「一身上の不平より良民を迷乱する、実に男子の恥ずるところ」云々と書き、前原を批判している。

やがて九州で不平士族の反乱が相次ぐ。十月二十四日には熊本の神風連《しんぷうれん》が、同月二十六日には秋月《あきづき》党が蜂起し、いずれも敗れた。前原は十月二十六日、萩の明倫館で実弟の山田穎太郎《えいたろう》、佐世一清《させいっせい》をはじめ横山俊彦、奥平謙輔《おくだいらけんすけ》ら同志百五十人とともに二十八日を期して挙兵すると決める。東京に進み、天皇に諫奏《かんそう》して君側《くんそく》の奸《かん》を一掃しようというのである。前原は西郷から小銃三千、大砲八門が届くとの虚報を流して、政府側を威嚇した。

まず、二十八日に山口県庁を襲撃するつもりだったが、政府側の行動は素早く、広島鎮台山口屯営の約四百や大阪鎮台の歩兵一大隊、砲兵一小隊までが鎮圧に乗り出してきた。このため反乱軍は、萩周辺から出ることができなくなり、激戦が繰り広げられた。

敗色が濃くなると前原ら幹部は海路、島根県方面に逃れたが、十一月四日、宇龍港にて横山、白井林蔵が、次いで六日に前原、奥平、山田、佐世らが捕えられた。こうして反乱は鎮圧され、前原らは山口に護送された。そして十二月三日、前原や奥平ら八人が除族の上萩で斬首、今田浪江《なみえ》ほか六十三人が懲役などに処された。

なお、旧会津藩の士族たちは前原らに呼応し、千葉県庁を襲撃し、日光に籠もり、会津の同志と連携しようと企んだ。ところが東京・思案橋から武器を積み込んだ船を出そうとしたところで警官に見つかり、一網打尽となっている（思案橋事件）。首領格の永岡久茂は獄死、他の三人は斬首に処された。

幕末のころ、あれほど激しく対立した長州と会津の士族が提携したのはなぜか。それは甚大な犠牲を払ってなった「明治維新」が、あまりにも理想とかけ離れていたことへの失望感が、お互いにあったからであろう。

「西南戦争」

西郷隆盛が参議を辞して鹿児島に帰るや、同郷の軍人、官吏も多数辞職し帰郷した。彼らのために西郷は明治七年（一八七四）六月、鹿児島に私学校を設立する。

私学校は対外戦争に備え、強い鹿児島士族を育成する兵学校だ。銃隊学校、砲隊学校からなっており、鹿児島県内各地に分校が置かれた。他に賞典学校や吉野開墾社などが設けられた。

当時の鹿児島県令は、元薩摩藩士の大山綱良（格之助）である。古くからの同志である西郷に協力的であり、私学校の経費も県庁が支給した。官吏の多くは私学校の生徒が採用され、家禄は現米《げんまい》で支給され、地租改正も行わない。

鹿児島県は中央政府の威光が届かない、士族中心の「独立国」のごとき様相を呈していく。

私学校跡（鹿児島市城山町）

当然、中央政府は鹿児島県を危険視する。明治十年（一八七七）一月、政府は陸軍の大砲、弾薬を鹿児島の倉庫から大阪へと移した。さらに大久保利通の腹心だった大警視川路利良《かわじとしよし》は、鹿児島県出身の警察官二十余人を帰郷させ、ひそかに私学校の動静を探らせた。

これに憤慨した私学校の急進派は一月二十九日夜、弾薬倉庫を襲い、武器、弾薬を奪う。こうして桐野利秋、篠原国幹《しのはらくにもと》、別府晋介《しんすけ》ら幹部は挙兵を決意し、西郷に決断を迫った。

西郷は不本意ではあったが同意し、二月十三日、陸軍大将西郷、陸軍少将桐野、陸軍少将篠原の連名で「今般政府へ尋問の筋あり」と、率兵上京を県庁に届け出る。

薩摩を中心に、九州中の不平士族を糾合して、「第二の維新」を行おうというのである。こうして歩兵五大隊、砲兵二大隊からなる約一万三千の薩軍が、二月十五日から十七日にかけて鹿児島を出発した。

当初、明治天皇は有栖川宮熾仁親王を派遣し、西郷を慰諭しようと考えていたという。ところが薩軍の先鋒が熊本県の佐敷《さしき》に進撃したとの知らせが入り、十九日になって征討の詔勅が出された。総督は有栖川宮、陸軍中将の山県有朋と川村純義が参軍である。

木戸孝允などは私学校党を壊滅させ、政府の全国支配を強固にする好機ととらえ、病床にあったが、征討総督に任じてほしいと願い出たほどであった。

しかし、薩軍は熊本鎮台の兵（約四千三百人）が籠もる熊本城の強襲に失敗し、長期包囲戦へと方針転換することになる。主力は北上して田原坂《たばるざか》や吉次《きちじ》峠の天険《てんけん》を利用し、南下する政府軍を迎え撃とうとしたが敗れた。

以後、薩軍は各地で敗走を重ね、宮崎方面の人吉、延岡などを経て可愛岳《えのだけ》を踏破。九月一日には故郷鹿児島に突入し、城山《しろやま》を占領した。桐野の作戦では鹿児島で補給を整えた後、海路長崎に進み、ここを押さえて捲土重来を期すつもりだったという（安藤英男『史伝西郷隆盛』昭和六十三年）。

九月八日、政府軍の参軍山県が鹿児島に到着した。山県は西郷らを鹿児島に入れてしまったことを反省する。そして城山を完全に包囲し、西郷あての書簡を軍使に托す。それは「嗚呼《ああ》天下の君を今日に毀誉《きよ》するや極《きわま》れり。国憲の存する所は自《おのず》ら然らざるを免れずと雖《いえど》も、想うに君の心事を知る者も亦《また》独り有朋のみならず。何ぞ公論の他年に定まる所を慮《おもんぱか》らざる乎《や》。故旧《こきゅう》の情に於て有朋切にこれを君に冀望《きぼう》せざるを得ず。君幸に少しく有朋が情懐《じょうかい》の苦を明察せよ」とあった。西郷は一読ののち「山県我れにそむかず」と言ったという（藤村道生『山県有朋』昭和三十六年）。しかし、西郷は山県の思いを受け止めてやるわけにはいかなかった。

二十四日早朝、山県は苦い思いを胸に城山を総攻撃する。西郷は自決して果て、戦争は終結した。戦死者の数は政府軍約六千八百、薩軍約五千という。

この戦いで成立間もない徴兵制による軍隊が、充分実戦にたえうることが証明された。そして四千二百万円という巨額の戦費支出が、特権を奪われ窮乏する士族の経済的没落を早めてしまう。皮肉にも「西南戦争」は、滅びゆく武士の最後の光芒となった。

なお、西南戦争終結後の明治十一年（一八七八）八月二十三日、近衛兵の反乱「竹橋事件」が起こった。直接の原因は論功行賞の不満であるが、さまざまな軍隊内の矛盾を含んでいたという。ただちに武力で鎮圧され、裁判のすえ五十五人が死刑となる。山県はこの事件を機に、陸軍を比較的自由な空気を持つフランス式から、上に対して絶対服従のドイツ式軍制へと改めていく。

「北海道官有物払下げ事件」

明治政府は富国強兵のためにも、蝦夷こと北海道の開拓が急務であると考え、明治二年（一八六九）七月八日、開拓使を設置し、他の諸省と同格とした。本庁ははじめ東京に置かれたが、明治三年（一八七〇）閏十月には函館、明治四年（一八七一）五月には札幌に移り、東京が出張所になる。

開拓事業を中心となって進めたのは、薩摩藩出身の黒田清隆だ。黒田は明治三年（一八七〇）五月、開拓次官となり（明治七年〈一八七四〉に長官となる）、主に東京から現地に指示を発した。黒田は模範をアメリカに求め、明治四年（一八七一）一月から六月にかけて渡米。開拓使の顧問として当時の農務局長ホーレス・ケプロンを招くことを決めてきた。

続く廃藩置県により、諸藩により分割されていた北海道開拓は、開拓使が集中支配することになる。開拓使へは十年間にわたり、毎年百万円の予算が投ぜられることが決まった。力任せに開拓の端を開き、道筋がついたら民間に託そうというのである。

こうしてケプロンら顧問団の指導により、札幌農学校と官園（農業試験場）の設立をはじめ、道路新設や鉄道建設準備、食品加工や木工、鉄工、製鉄などの諸工場の建設、各所の鉱山開発などが官営事業として行われていく。

ところが廃使を眼前にした明治十四年（一八八一）、「開拓使官有物払下げ事件」が起こる。

それまで一千四百万円以上の財政投資で設けられた諸施設を、黒田は三十八万七千円あまり、無利息三十年賦という好条件で、五代友厚らの関西貿易商会に払い下げようとしたことが発覚したのである。五代と黒田は同じ薩摩出身だから、藩閥による不正であると自由民権派などが騒ぎ立てた。

ちなみに五代は明治元年（一八六八）、新政府の参与兼外国事務掛・外国事務局判事として大阪在勤となった。ところが翌明治二年（一八六九）七月、下野して実業家となり、大久保利通ら政府要人の後援も得て、大阪経済界の近代化に尽力していたのである。

この汚職事件は後述するように憲法制定の問題とからみ、「明治十四年の政変」を引き起こし、払下げは中止となった。

ただ、開拓使でビール製造の責任者だった村橋久成《ひさなり》などは、こうした汚職に嫌気が差したようである。薩摩藩出身の村橋は島津一族で、幕末のころは「薩摩スチューデント」の一人として、イギリスに留学した英才であった。それだけに誇りが高かったのであろう。

明治十四年（一八八一）五月、突如辞表を出した村橋は、道南に設立された知内村牧畜会社の社長に就任。しかし、そこも半年ほどで去り、突然姿を消す。そして各地を放浪の後、明治二十五年（一八九二）九月二十五日、兵庫県神戸市の葺合村路上で行き倒れになり、五十一歳の生涯を閉じた。

憲法を求めて

強烈な指導力を発揮して中央集権国家の礎を築いた西郷隆盛、大久保利通、木戸孝允（桂小五郎）を「維新の三傑」と呼ぶ。

木戸は西南戦争さなかの明治十年（一八七七）五月二十六日、四十五歳で京都において病没。西郷は西南戦争に敗れ、城山で自刃した。

唯一残った内務卿の大久保も明治十一年（一八七八）五月十四日、東京麴町・紀尾井町で石川県士族の島田一郎ら六人の刺客に襲われ、横死《おうし》する。島田らが持っていた斬奸状《ざんかんじょう》には「公議を杜絶し民権を抑圧し以て政事を私《わたくし》する」を、大久保の罪の第一としている。

彼らを受け継ぎ、政府の新しい指導者となったのは大久保没後、参議兼内務卿となった伊藤博文であった。すでに薩摩閥には、伊藤に対抗できる政治力の持ち主がいない。その伊藤の前に立ちふさがったのが、「我輩は遊星である」と自らを形容する、大蔵卿の大隈重信《おおくましげのぶ》だ。

明治十四年（一八八一）三月、大隈は王に統治権を持たせないイギリス的な議会主義を支持し、明治十五年（一八八二）末には選挙を行い、二年後には国会を開設するとの建議を行うと宣言した。

しかし、大隈のやり方を急進的と考える岩倉具視や伊藤らは「明治十四年の政変」を起こす。北海道官有物払下げが問題化した責を負わせて、大隈を政府から追放することに成功したのである。その際、明治天皇から「明治二十三年に議員を召し、国会を開く」との言葉を引き出して、危機を乗り切る。野に下った大隈は「予はこれより明治政府の職を辞したる貴顕《きけん》紳士の手本を出さんと欲す」と翌明治十五年（一八八二）三月、立憲改進党を結成し、総理となった。

伊藤は「王の王位にあるも統治せず」との「英国主義」が、なぜ駄目なのかを意見書で述べている。それによると、この主義を採用すると王政復古の意味が失われるとし、幕府が議会に代わっただけになるというのである。さらに伊藤の腹心だった金子堅太郎《けんたろう》は後年、「若しこの説が我邦に採用さるるならば、理論として天皇は一段下り、華族及び庶民と同地位に置かるる事になる。これは我国の国体に反するから断然排斥せねばならぬ」と、強い口調で訴えている（平塚篤編『伊藤博文秘録』昭和四年）。

天皇の命を受けた伊藤は明治十五年（一八八二）三月、ヨーロッパへ憲法調査に赴く。十八か月をかけて、法学者のモッセやグナイスト、ウィーンのシュタインにも会った。

憲法制定の大きな目的は、天皇の大権を固めることだ。そこで伊藤が最も参考になると考えたのは、皇帝の強い権限を認めたドイツ憲法であった。ビスマルク首相の指導下、一八七〇年、普仏戦争に勝利して列強の仲間入りを果たしたドイツは、日本にとって身近な、手本とすべき国と考えられていた。

内閣制度がはじまる

帰国した伊藤博文は、政府内の組織改革に着手する。明治十八年（一八八五）には太政官制を改め、内閣制とした。これは公家出身の右大臣岩倉具視が明治十六年（一八八三）七月二十日、五十九歳で他界したこととも関わる。太政大臣の三条実美は内閣制へ変わることを望まなかったが、抗うことはなかった。

内閣の長を誰にするか、長州の伊藤と薩摩の黒田清隆との間で争われたが、結局伊藤に決まって、憤慨した黒田は辞表を出すといった一幕もあった。伊藤を総理大臣とする内閣の閣僚は次のとおりで、薩長の均衡を充分に考慮したものであった。

- 総理　伊藤博文（長州）

- 外務　井上馨（長州）
- 内務　山県有朋（長州）
- 大蔵　松方正義《まさよし》（薩摩）
- 陸軍　大山巌《いわお》（薩摩）
- 海軍　西郷従道（薩摩）
- 司法　山田顕義（長州）
- 文部　森有礼（薩摩）
- 農務　谷干城《かんじょう》（土佐）
- 逓信　榎本武揚（幕府）
- 書記長官　田中光顕《みつあき》（土佐）
- 法制長官　山尾庸三（長州）

その後、総理大臣は原則として薩長が交替で務めるという暗黙の規則ができあがった。明治期の内閣の首班を任期とともに書き出すと、次のようになる。

- 第一次伊藤博文内閣（明治十八年十二月二十二日〜同二十一年四月三十日）
- 黒田清隆内閣（明治二十一年四月三十日〜同二十二年十月二十四日）
- 第一次山県有朋内閣（明治二十二年十二月二十四日〜同二十四年四月九日）
- 第一次松方正義内閣（明治二十四年五月六日〜同二十五年七月三十日）
- 第二次伊藤博文内閣（明治二十五年八月八日〜同二十九年八月三十日）

- 第二次松方正義内閣（明治二十九年九月十八日〜同三十年十二月二十七日）
- 第三次伊藤博文内閣（明治三十一年一月十二日〜同年六月二十四日）
- 第一次大隈重信内閣（明治三十一年六月三十日〜同年十月三十一日）
- 第二次山県有朋内閣（明治三十一年十一月八日〜同三十三年九月二十六日）
- 第四次伊藤博文内閣（明治三十三年十月十九日〜同三十四年五月二日）
- 第一次桂太郎内閣（明治三十四年六月二日〜同三十八年十二月二十一日）
- 第一次西園寺公望《さいおんじきんもち》内閣（明治三十九年一月七日〜同四十一年七月四日）
- 第二次桂太郎内閣（明治四十一年七月十四日〜同四十四年八月二十五日）
- 第二次西園寺公望内閣（明治四十四年八月三十日〜大正元年十二月五日）

（「内閣表」『角川日本史辞典　新版』平成八年）

伊藤、山県、桂は長州、黒田、松方は薩摩、大隈は佐賀、西園寺は公卿の出身である。
また、選挙で選ばれる衆議院のチェック機能である貴族院（現代でいう参議院）が設けられた。その構成員とするため、従前の貴族や旧大名に加え、多くの薩長土肥出身の「維新の功臣」や軍人、政治家が華族となった。これら新しい華族を「勲功《くんこう》華族」と呼ぶ。華族は公・侯・伯・子・男の五等の爵に分けられ、それは家督とともに男子に継承される。

明治二十一年（一八八八）、憲法や皇室典範の草案を審議するため枢密院《すうみついん》が設けられ、伊藤は天皇が意思決定を行う際、それを審議する機能もつけた。枢密院で検討された上で、はじめて議会に提出され、勅命となるのである。

そのころ、直接天皇の執政を委ねようという天皇親政運動なるものが起こっていたが、伊藤は君主という一個人の意思のみで政治が左右されることには反対であった（瀧井一博『伊藤博文』平成二十二年）。

天皇の大権

明治二十年（一八八七）六月より伊藤博文は井上毅《こわし》、伊東巳代治《みよじ》、金子堅太郎（いずれも薩長土肥の出身ではない）とともに神奈川県夏島《なつしま》で、憲法草案を練り上げていく。

脱稿された草案は、できあがったばかりの枢密院において検討される。翌明治二十一年（一八八八）四月、伊藤は枢密院の議長に任ぜられ、総理大臣の椅子は黒田清隆に譲った。

こうして憲法草案は枢密院を通過し、明治二十二年（一八八九）二月十一日、「大日本帝国憲法」が欽定《きんてい》憲法として天皇の名で発布され、明治二十三年（一八九〇）十一月二十九日から施行されることになった。

皇居正殿において行われた式典で、天皇は内大臣三条実美から憲法前文を受け取り朗読、続いて伊藤が捧げる憲法を黒田に渡した。さらに天皇は憲法発布を岩倉具視、木戸孝允、大久保利通の霊前に告げよと命じた（井黒弥太郎『黒田清隆』昭和五十二年）。

「大日本帝国憲法」は第一章が「天皇」だ。巻頭に君主の大権を明記するのは、他の国の憲法には見られない特徴だとされる。それから、

「大日本帝国は万世一系の天皇これを統治す」（第一条）

「皇位は皇室典範の定むる所に依り、皇男子孫《こうだんしそん》これを継承す」（第二条）

「天皇は神聖にして侵《おか》すべからず」（第三条）

「天皇は国の元首にして統治権を総攬《そうらん》し、この憲法の条規に依り、これを行う」（第四条）

などと第十七条まで続く。特に第五条は、

「天皇は帝国議会の協賛を以て立法権を行う」

となっているが、伊藤は天皇と議会の関係を、あえて「承認」とはせず、「協賛」とした。これにつき、金子堅太郎は、

「即ち協力して賛すると云う意味で、これには拒否の権限は含まれて居らぬ。即ち従者である。絶対主権は依然天皇にあるのである。これを正当に解釈するには、総攬と協賛と云う字義に就いてよく対照せねばならぬ」

（平塚篤編『伊藤博文秘録』昭和四年）

と、説明している。

「大日本帝国憲法」を持つことにより、日本はアジアではじめての、近代的な立憲国家としての形を整えていく。

そして開国の問題が起こって以来、さまざまな勢力から利用され、右往左往して定まらなかった「天皇」

明治天皇

の政治的地位は、ようやく近代日本の中に法的に位置づけられたのである。

森有礼と西野文太郎

「大日本帝国憲法」が発布された明治二十二年（一八八九）二月十一日朝、初代文部大臣の森有礼《もりありのり》が、東京・麹町区永田町の自宅を訪ねてきた若者により暗殺される（死去は翌十二日）。享年四十三。

その日、森は式典に出席するため、大礼服に身を包み、出かけるところであった。

森は薩摩藩出身である。慶応元年（一八六五）、「薩摩スチューデント」の一人としてイギリス・ロンドンに渡った。さらにロシアを旅行し、アメリカでも学ぶ。明治元年（一八六八）十月に帰国後は駐英大使など、主に外交官として活躍したが、早くから「日本語廃止論」を唱え、英語の国語化を提唱した。そのため木戸孝允などからは「洋癖《ようへき》」と、激しく非難されている。

明治六年（一八七三）には西周《にしあまね》らと明六社《めいろくしゃ》を設立し、『明六雑誌』を発行して啓蒙活動を行ったり、明治八年（一八七五）、東京銀座尾張町に商法講習所（のちの一橋大学）を創立したりした。

第一次伊藤博文内閣で文部大臣となり、続く黒田清隆内閣でも留任。大学令以下の学校令を発布するなど、学制改革を推進した、近代教育の開拓者である。

一方、刺客は長州藩出身の西野文太郎《ぶんたろう》だ。下級武士の子として萩に生まれた西野は、明治二十年（一八八七）（明治十九年〈一八八六〉とも）に東京へ出て、翌明治二十一年（一八八八）三月からは内務省土木局会計課の職員となる。当時好んで読んだのが、「維新前後勤王愛国の為めに忠死したる人々の遺書」であり、特に吉田松陰の『武教講録』に熱中したという（岡田常三郎編『刺客西野文太郎の伝』明治二十二年)。

その年の七月、四国徳島の第五区土木監督署へ転勤した西野は、『東京電報』なる新聞の、ある記事に注目した。それは文部大臣の森が伊勢神宮参詣のおり、靴も脱がずに社殿に上り、神簾をステッキでめくり、拝みもせずに立ち去るという不敬をはたらいたというものである。

記事を読み憤慨した西野は、上司に懇願して東京の内務省に戻してもらい、ついに暗殺事件を引き起こしたのである。出刃包丁で森の左下腹を刺した西野は、居合わせた文部官史の庭田重秀に斬り殺されたため、詳しい動機などは不明のままだ。

ただ、長州藩出身の軍人政治家三浦梧楼《ごろう》が、背後から西野を教唆したのではないか、との噂が立った。このため警察も三浦に目をつけていた。「反骨将軍」と呼ばれた三浦は陸軍の中でも同郷の山県有朋に反発し、長州閥の主流からははずされた不満だらけの男である。日頃から西野は、三浦の宅を訪ねて書籍を読ませてもらうなど、なにかと世話になっていたらしい。

事件が起こったころ、三浦は薩摩人の中の反・森派からも感謝されたという。

「公評敵国に在りと云う趣がないでもない」

森有礼を暗殺した西野文太郎の墓（山口市神福寺）

と、三浦は回顧談の中で述べているが、薩摩を「敵国」と呼んでいるところに、この男の強い藩閥意識がうかがえよう。

また、森が伊勢神宮で不敬をはたらいたというのは、事実無根とされている。伊勢神宮の禰宜《ねぎ》だった尾寺信《まこと》（新之丞）らが、森を極端な欧化主義者、キリスト教信者と決めつけ、その排除を企んで悪評を広めたのだという。ちなみに尾寺は長州藩出身で、吉田松陰に師事し、奇兵隊に籍を置いたこともあった。政治家や軍人にならなかったのか、なれなかったのかはわからないが、あまり満足のいく人生ではなかったのかもしれない。

時代の波に乗れない薩長人たちのどんよりとした感情が、事件の背景にあったのである。

合祀と贈位

薩長出身者には、「明治維新」を実現したのは自分たちであるといった、強烈な自負、誇りがあった。その功績を「歴史」に刻んで後世に伝えようとする動きが、明治二十年代ころより顕著になる。

明治二十一年（一八八八）一月、宮内省から島津、毛利、山内、徳川の四家に対し、ペリー来航の嘉永六年（一八五三）から廃藩置県の明治四年（一八七一）までの国事に関する始末を調査して、向こう三年の間にまとめよとの沙汰が出た。これに三条・岩倉家が加わり、六家の委員十数人が集まり「史談会」なる組織ができる。この組織が、明治維新顕彰に深く関わってくる。

靖国神社は東京招魂社を前身とし、戊辰戦争における新政府側戦死者の霊を祭神としていた。そこへ、祭神たちと苦楽をともにして「殉難」した者たちも祀るべきだとの声が政府上層部から起こる。

まず、明治十六年（一八八三）五月五日、武市半平太、中岡慎太郎、坂本龍馬、吉村虎太郎といった土佐関係の「志士」たち八十人が合祀された。続いて明治二十一年（一八八八）五月五日に吉田松陰、久坂玄瑞、高杉晋作ら長州の六百一人（同日に土佐の五人追加）、同年十一月五日に真木和泉《まきいずみ》ら久留米の十八人、明治二十二年（一八八九）五月五日に武田耕雲斎《こううんさい》、藤田小四郎《こしろう》、関鉄之助ら水戸の一千三百九十人、同年十一月五日に有馬新七、有村次左衛門ら薩摩の十六人といった具合に、大量の合祀が続いた。この波は明治二十六年（一八九三）十一月五日まで続く（秦郁彦『靖国神社の祭神たち』平成二十二年）。

続いて憲法発布当日の明治二十二年（一八八九）二月十一日、反乱により「賊」の烙印が押されていた西郷隆盛に、政府から特旨をもって正三位が贈られた。「明治維新」の第一等の功労者のごとく言われる西郷だが、その霊は靖国神社に合祀できなかったのである（現在も合祀はない）。

薩摩閥としては、どうしても西郷の汚名をそそぎ、復権させたかったらしい。西郷だけでは目立つと思われたのか、他に藤田東湖《とうこ》、佐久間象山、吉田松陰にも正四位が追贈されている。松陰への贈位を喜んだ、かつての長州藩世子の毛利元徳《もとのり》（定広《さだひろ》）は、

「ますらおのあかきこころのあらわれて　ふかきめぐみのつゆかかりけん」

との祝歌を遺族に贈った。国家に逆らった罪で処刑された松陰が、三十余年を経て国家から、その「赤心《せきしん》」を認められる喜びを素直に表している。

以後、幕末のころに「殉難」した「志士」たちへの「贈位」は、太平洋戦争の末期まで続く。『贈

位諸賢伝　増補版』（昭和五十年）を見ると、その数はざっと二千数百人にのぼる。もっとも、地方の学者なども含まれており、全員が「志士」ではない。

ただ、「志士」の場合は天皇に対する忠誠、明治維新を推進したと認められた者だけが対象となった。提出された資料をもとに史談会で審査され、そこを通過すれば内閣で承認されるのである。

幕府・朝廷間を巧みに奔走したあげく暗殺された出羽浪士の清河《きよかわ》八郎には、明治四十一年（一九〇八）九月、正四位が追贈された。松陰、月性《げっしょう》、梅田雲浜《うんぴん》に学び、奇兵隊総督（三代目）まで務めた長州の赤祢《あかね》武人《たけと》への贈位は、政府の重鎮山県有朋たちの横槍が入り、実現しなかった。赤祢が幕府の間諜《かんちょう》だったというのだが、それは流言であり、山県らにとり不都合な諸々の史実が暴かれることを恐れたからだとされる（拙著『長州奇兵隊』平成十四年）。

「志士」には爵位なし

合祀、贈位のほかに、「殉難」した「志士」の遺族が、爵位を求めた事例がある。慶応三年（一八六七）四月に他界した長州藩士高杉晋作の遺族が、大正十二年（一九二三）十二月、申請書を提出したので

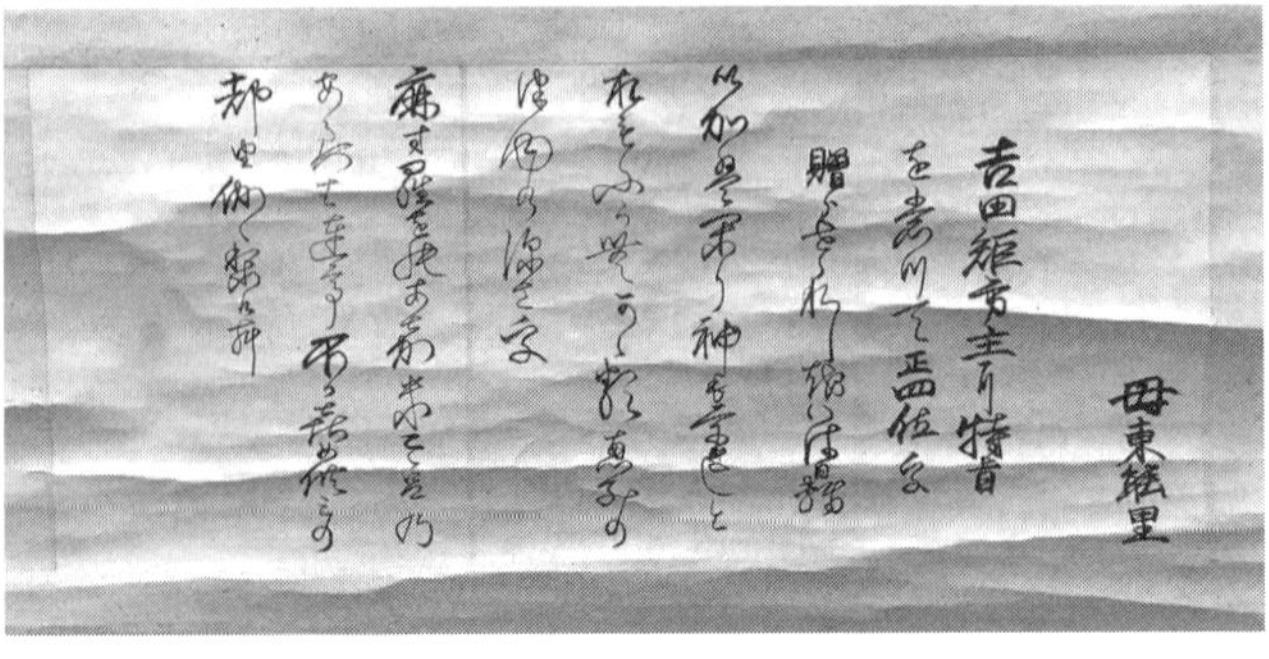

贈位を祝い毛利元徳が吉田松陰の遺族に贈った歌書（著者蔵）

ある（表向きの申請者は公爵山県伊三郎、公爵伊藤博邦《ひろくに》、侯爵井上準之助、侯爵木戸幸一、男爵田中義一《ぎいち》の連名になっている）。そこには、

「希《ねが》わくば晋作が勤王報国の為に尽瘁《じんすい》し、皇政維新の鴻業《こうぎょう》に貢献したる勲績を追賞せられ、その後裔に対して授爵の恩命を賜らんことを謹んで白《もう》す」

とある。すでに晋作の霊は明治二十一年（一八八八）四月に靖国神社に合祀され、明治二十四年（一八九一）四月には正四位が追贈されていた。

薩長などの出身者に爵位を与え、いわゆる「勲功華族」に列する最低条件は、明治の中央政府になんらかの貢献をしたことである。長州の大村益次郎は明治二年（一八六九）に他界したが、それでも中央政府の兵部大輔として兵制改革に短期間ではあったが関わったため、遺族はのちに「子爵」を授けられている。

ところが晋作の場合は、その政府が誕生する以前に他界しているのである。もし、この申請が通り、高杉家に爵位が与えられたら、爵位の制度が変わることになる。吉田松陰や久坂玄瑞、坂本龍馬といった「殉難」した「志士」たちの遺族すべてに爵位が与えられる可能性が出てくる。

爵位には、合祀や贈位とは異なる問題があった。早い話が、大金を伴うのである。爵位は家督とともに男子に継承され、子々孫々にわたり体面を保つため、たとえば伯爵なら三万五千円、子爵なら二万円という多額の公債証書が下された（現代で言うなら億単位の額であろう）。証書は宮内省内蔵寮が管理し、毎年利子が支払われるのである。

さすがの政府も、維新前に「殉難」した「志士」の遺族の面倒までは見られなかった。どういう

経緯があったのかは定かではないが、高杉家からの申請は却下されている。国家は金銭を伴わない「合祀」と「贈位」により、「志士」たちを顕彰し続けるのであった（拙著『わが夫、高杉晋作』平成二十八年）。

維新史は薩長抗争史

明治二十三年（一八九〇）七月、欧米の議会制度を視察して帰国した金子堅太郎（福岡出身）が、宮内省内に国史編纂局を設けるよう第一次山県有朋内閣に建議した。宮内省は時期尚早としながらも、まずは維新史料の蒐《しゅうしゅう》集を行うことにする。

ところが、これに宮中顧問官の伊藤博文が反対を唱えた。

「遠くは蛤御門の戦い（禁門の変）以来、薩長の間にしばしば衝突があり、維新史料の蒐集は、一面では薩長の衝突史料の蒐集ともなりかねない。今こそ薩長提携して二十三年の最初の帝国議会を無事乗り切ろうとしている矢先、両者の間に面白くない感情が起こっては、政局に重大な影響をおよぼさぬとも限らない。維新史料の蒐集には賛成であるが、まだその時機でなく、しばらく時の来るのを待つべきだ」

というのが、理由であった。

維新史料編纂会の官制が公布されて、文部省内に事務局が設置されるのはそれから二十年近くを経た明治四十四年（一九一一）五月のことだ。その予算を衆議院で審議した際、「薩長の頌徳碑を作るもの」との反対意見が一部の議員から出されたという（吉田常吉「史談会速記録解題」『史談会速記録合本一』昭和四十六年）。

「明治維新」は、薩長という内輪の争いだけではない。「歴史」とするには、「敗者」とされた幕府や東北諸藩の出身者たちへの配慮も必要であった。それにつき、次のような興味深い話がある。

長州出身の三浦梧楼は明治三十年代、東京の旧会津藩主松平家において「孝明天皇の御宸翰《ごしんかん》三通、しかも真実御筆《ぎょひつ》を染めさせられた扇子の御歌」を見せられ、衝撃を受けた。

それは、「堂上《とうしょう》以下暴論を疎《つら》ね、不正の処置増長につき」にはじまる、文久三年（一八六三）十月九日付の松平容保《かたもり》あての宸翰などだ。明治二十六年（一八九三）十二月二十五日、五十九歳で他界した容保が、肌身離さず所持していたものだという。天皇が京都守護職の会津藩を心底頼りにし、過激な攘夷論を唱える三条実美ら七卿や長州藩を嫌悪していたことを裏づける第一級の証拠だ。

三浦は、土佐出身の宮内大臣田中光顕に相談した。

「若し今日こう云う御宸翰が表面に出ると、変なことになりはせぬか。忌憚なく申せば、先帝の御在世が続いたならば、御維新は出来なかった。これは明《あきら》かな事実だ。強いて言えば、陛下の御孝道如何と云うことになりはせぬかと思う。これを会津が出さぬと云うことは幸いだが、若し出したら如何にするか」（三浦梧楼『観樹将軍回顧録』大正十四年）

戊辰戦争当時、三浦は奇兵隊の中隊長級である。会津藩は「朝敵」「逆賊」であると上から教えられるまま信じ、遮二無二戦ったのであろう。ところが後年になって、先帝が会津藩に絶大な信頼を寄せていたことが明らかになってくる。これでは「明治維新」の「正義」は、逆転しかねない。

宸翰の存在を恐れた三浦は、困窮する松平家に、天皇の手許金の中から五万円（三万円とも）が下賜されるよう取り計らった。

ただ、そのような身勝手な事情では「歴史」を歪めることはできない。三浦が葬り去ろうとした宸翰は明治四十四年（一九一一）に初版が出た山川浩『京都守護職始末』に、堂々と写真版つきで公開されたのである。

『京都守護職始末』の出版は、会津出身の山川健次郎の尽力によるものであった。健次郎は戊辰戦争の際は白虎隊に加わり、維新後は薩長人の援助もあってアメリカに渡り、理化学を学んだ。著者山川浩（陸軍人、男爵）の弟であり、東大、京大、九大などの総長も務めた、日本近代教育を先導した人物である。

終章
薩長の天下とその行く末

「薩長の人に非ざれば殆ど人間に非ざる者のごとし」

土佐浪士の中岡慎太郎は慶応のころ（一八六五〜一八六八）、同志にあてた『時勢論』の中で、薩長の天下が訪れることを次のように予見する。

「自今以後天下を起《おこ》さん者は、必ず薩長両藩なるべし。吾思う天下近日の内に二藩の令に従うこと鏡に掛けて見るが如し」

薩長間を奔走し、いまにもあふれ出しそうな活力を体感した中岡の予見は的中。間もなく薩長を中心とする勢力が天皇を擁して、幕府から政権を奪い取る。

明治新政府は、なんだかんだ言っても実質は薩長閥が主導権を握っていた。明治七年（一八七四）、紀州藩出身の陸奥宗光《むつむねみつ》は、

「往昔、平氏の盛時、世人これを目して平氏に非ざる者は人間に非ずといえり。今の薩長の人に非ざれば殆ど人間に非ざる者のごとし。豈《あに》嘆息すべきことに非ずや」

と嘆いている。

木戸孝允、西郷隆盛、大久保利通という、いわゆる「維新三傑」が相次いで亡くなると、薩長の藩閥も再編成されていく。その合間を縫うかのごとく、佐賀出身の大隈重信が台頭してくるや、薩長の藩閥は「明治十四年の政変」を起こし、大隈を政府から追放してしまった。野に下った大隈は立憲改進党を結成して、薩長閥に対抗。こうして、藩閥対政党の対立が顕著になる。

西南戦争で大打撃を受けた薩摩閥は、黒田清隆派、松方正義派、大山巌派（陸軍内薩摩派）、西郷従道派（海軍内薩摩派）、および警視庁内薩摩派などに分かれた。一方の長州閥は伊藤博文と井上馨

が政治力を発揮し、山県有朋が陸軍を牛耳り、「長州の天下」と呼ばれる時代が訪れる。

やがて明治二十年代も半ばになると、政党の政権参加に好意的な伊藤と超然主義の山県とに分かれ、派閥はまたも再編成されていく。伊藤などは明治三十三年（一九〇〇）、立憲政友会を立ち上げて、自らその総裁となった。

現在も、鹿児島県、山口県はともに総理大臣を多数輩出したことが「お国自慢」の筆頭だ。戦前に限れば薩摩閥は黒田、松方、山本権兵衛《ごんのひょうえ》の三人、長州閥は伊藤、山県、桂太郎、寺内正毅《まさたけ》、田中義一の五人を輩出している。

注目すべきは、伊藤、黒田、松方以外は軍人だということだ。明治六年（一八七三）、陸軍大将の西郷隆盛が参議の地位を得たことに木戸は批判的だったというが、当時はまだ文と武とが未分化だったのであろう。

ところが、以後も明治日本は軍人が政治を行う国として発展していく。陸軍は山県を中心に、長州閥が掌握。海軍は少し遅れて日清戦争の段階で山本権兵衛により確立され、薩摩閥が掌握した。

また、山県は陸軍、海軍を政府から独立させ、天皇の直属とした。のちに発布された「大日本帝国憲法」の十一条には、「天皇は陸海軍を統帥す」とある。このため、男性皇族は軍人になることが義務づけられた。また、軍人は天皇の命令があれば、命を捧げて戦うことが求められた。

明治二十年代に入ると、天皇から詔勅を受けた「元老《げんろう》」が、重要政策の決定に大きな影響力をおよぼすことになる。当初の元老は伊藤、黒田、それに山県、松方、井上馨、西郷従道の七名。いずれも薩長出身で「維新の功臣」であった。元老は第一線を退いた後も天皇との篤い信頼関係を維持し、首相を選任するなど、政界に強い影響力を持ち続けた。

彼らは実戦経験者だけに、戦争に対しては慎重であった。山県ですら、日露開戦に反対だったほどだ。元老が生きているうちは、政府の意向を無視して、軍が独走することはなかった。

世界征服の夢

幕府が倒れ、明治政府が誕生したからといって、西洋列強の外圧の危機が去ったわけではない。薩長の「志士」たちが幕末のころ唱えた「攘夷」という思想は、形を変えて脈々と受け継がれていく。

明治二十三年（一八九〇）、第一回帝国議会における施政方針演説で総理大臣山県有朋は、日本が国家としての独立を維持するため、「主権線（国境）」だけではなく、「利益線」の確保が必要だと熱弁をふるった。

こうして日本は「利益線」を求めて積極的に世界に乗り出すのだが、山県らにすれば日清・日露戦争も、さらには明治四十三年（一九一〇）八月の日韓併合も、西洋列強の外圧をアジアから追い出すための「攘夷」だったのである。

かつて、長州の吉田松陰は日本がアジアを制し、西洋列強に対抗すべきであると説いている。安政三年（一八五六）、アメリカ使節を殺すと主張する久坂玄瑞を諫めて、松陰は、徳川幕府はすでに二虜（アメリカ、ロシア）と和親条約を結んだのだから、日本より断交すべきではないと言う。断交すれば、国際社会の中で信義を失うからだ。だからいまは国内を落ち着かせ、条約を厳に守って二虜をつなぎ止めておきたい。その隙に、「蝦夷（北海道）を墾（開拓）し、琉球を収め、朝鮮を取り、満州を拉し、支那を圧し、印度に臨み、以て進取の勢いを張り、以て退守の基を固める」と考えた。そうすればアメリカ、ロシアも日本の思うままに「駆使」できるのだとも言っている。

それから八十年ほど経った昭和十五年（一九四〇）八月、第二次近衛文麿《ふみまろ》内閣が示した「大東亜新秩序」は、日本が東アジアをまとめて大東亜共栄圏を築くのだという、松陰が示したような理想を実現するものであった。それは、世界中が万世一系《ばんせいいっけい》の天皇のもとでまとまれば平和になれるという「八紘一宇《はっこういちう》」の精神として、国民の中に浸透する。

現代からすると、日本が世界征服を企んでいたなどと言えば、荒唐無稽に感じるかもしれないが、当時はそれが可能だと信じられたのである。

薩長の天下の終わり

薩長による藩閥政治の利点を挙げるとすれば、強力な指導力を発揮し、天皇を国家の核に据え、富国強兵を主張して、近代化を推進したことであろう。封建体制は崩壊したばかりで、国民の政治参加は現実的にはまだまだ難しかった。

こうして日本は、次第に国際社会の中で重きをなすようになる。領事裁判権は明治三十二年（一八九九）に廃止され、関税自主権は明治四十四年（一九一一）に完全に回復されて、「主権国家」としての体裁が整えられていく。

近代教育制度も定着して、明治二十年（一八八七）には文官の試験任用制がはじまった。薩長以外の出身者にも実力次第で、国の指導者になれる好機がめぐって来たのである。いよいよ国民が成熟し、民意を反映した政党内閣による政治が行われるようになり、薩長藩閥の役目は終わるはずであった。

大正の終わりから昭和のはじめにかけて、衆議院の中で政党政治家の数は九割を占め、戦前の政党政治の隆盛期を見る。

ところが大正十四年（一九二五）四月、野党政党だった政友会はあろうことか、長州出身の元陸軍大臣である田中義一を総裁に迎えた。田中は昭和二年（一九二七）四月、首相に指名されて、政友会は晴れて政権与党になる。

むろん、田中は政党政治家ではない。しかし、政友会は田中が影響力を持つ、在郷《ざいごう》軍人会の支持がほしかったのである。政権を奪うためなら手段を選ばぬ政友会のやり方は、その後の日本の進路に暗い影を落としていく。

いずれ、東洋を制した日本と、西洋を制したアメリカが決戦する日が来るだろうと予見した昭和初期の陸軍は、資源を求めて満州を関東軍で制圧する。それが国際的な非難を浴びるや、昭和八年（一九三三）二月、日本は国際連盟を脱退した。日本の勢力が明治維新以前に戻るわけにはいかないというのである。

すでに陸軍の中で、長州閥と呼ばれる郷党意識を優先した派閥は消滅していた。しかし、長州閥が築き上げた制度によって、「統帥権《とうすいけん》」を持つ天皇を都合よく利用し、陸軍は暴走を続ける。昭和十年（一九三五）二月には貴族院で「天皇機関説問題」が起こり、「国体論」が憲法の解釈を押さえつけてしまった。それは幕末のころ、勅を掲げて派手な攘夷運動を推進した、長州藩を思い起こさずにはいられない。

昭和十一年（一九三六）の「二・二六事件」で、陸軍皇道派の青年将校は政府要人を次々と暗殺。翌昭和十二年（一九三七）七月、陸軍は盧溝橋事件にはじまる日中戦争を引き起こし、泥沼化させる。昭和天皇は「陸軍はすべてを失うまで目が覚めないのではないか」と、無力感を側近にもらしたという（古川隆久『昭和史』平成二十八年）。

昭和十三年（一九三八）三月、国民は国家のためにあると近衛文麿首相が帝国議会で発言し、翌月には国家総動員法が制定された。昭和十五年（一九四〇）、大政翼賛会結成の日程が発表されるや、各政党は自ら解散して、その傘下《さんか》に入ろうとする。ここにきて、日本から政党政治が消滅した。

国民が国家を疑うことは許されなかった。明治維新以来の権威主義的な教育制度が、過ちを正そうとする機会を与えなかったのである。

そしてついに昭和十六年（一九四一）十二月、日本はアメリカ、イギリスに宣戦布告。続いて日本の同盟国ドイツ、イタリアもアメリカに宣戦布告し、戦火は拡大していく。

結局、日本の主要都市は空襲によって焼土と化し、広島、長崎に原子爆弾を落とされ、昭和二十年（一九四五）八月十五日の「終戦」を迎えた。日中戦争から敗戦までの死者は、戦死約二百三十万人、民間人約八十万人（異説あり）となった。

翌月、昭和天皇は皇太子にあてた手紙の中に、次のような反省の言葉を記す。

「明治天皇の時には山県　大山　山本等の如き名将があったが　今度の時はあたかも第一次世界大戦の独国の如く　軍人がバッコして大局を考えず　進むを知って　退くことを知らなかったからです」（寺崎英成他編著『昭和天皇独白録』平成三年）

また、昭和二年（一九二七）生まれの作家城山三郎は、昭和二十四年（一九四九）一月二十三日に行われた第二十四回衆議院議員総選挙に触れ、

「新憲法公布下の最初の総選挙である。『日本を滅ぼした長州の憲法』の終焉を告げる総選挙でもあった」（城山三郎『落日燃ゆ』昭和四十九年）

と述べている。太平洋戦争を経験した世代にとり、「明治維新」によって薩長が築き上げた近代日本は、苦々しい思いとともに記憶されていたことがわかる。

おわりに

東京の大学を卒業後、山口県に移り住み「明治維新」を研究するようになり、三十年近くの歳月が流れた。

この間、松陰門下の三秀と称された高杉晋作、吉田年麻呂《としまろ》（稔麿）、久坂玄瑞の史料集を編纂した。数々の展示に携わったり、関係者の子孫宅などで史料の発掘調査に立ち会わせてもらったりした。戊辰戦争で戦死した奇兵隊など長州兵数百人の墓を、京都から北海道まですべて掃苔《そうたい》して歩き、現状を調査、記録した。

市場に出てきた史料も、流出させてしまうのが心苦しく、ずいぶんと買い取ってきた。

各地で講演をしたり、テレビ番組に出たり、さまざまな著作を発表する機会にも恵まれた。

すべてが楽しい思い出ばかりではないが、とにかく四六時中、「明治維新」に浸ってきたような気がする。こんな生活をはじめる時、「お手本のない人生だと思う」と、某出版社の編集長に言われたが、最近その言葉をよく思い出す。

長州や薩摩が中心となって行った「明治維新」を否定するつもりはないし、私は私なりに評価をしている。しかし、だからといって山口県や鹿児島県の一部の方が固執する、お国自慢的な「明治維新史」には、どうも馴染めない。

なにかと言えば「よそ者」と陰口を叩かれる私だが、だからこそ見えてくる部分も多いと信じる。薩長至上主義のような考えを持つ気も、さらさらない。そんなことを言えば、すかさず「お前は幕府の味方だろう」「悪口を言った」と責められるお国柄だが、歴史に対して感情的になり、あれこれ言ったところで意味がないのである。もちろん、幕府や会津に「肩入れ」されている方にも同じことが言える。私は「歴史」という名の大きなパズルにおいて、「史料」というピースを少しでも多く集めて埋めていきたいだけだ。誰かの都合でピースを隠したり、拡大させたりするつもりはない。

半世紀前の「明治維新百年」のころは、明治生まれの方がたくさん存命していたから、「明治維新」はもっと身近な歴史だった。それに日本が戦争に敗れて二十年あまりしか経っていなかったから、近代の歴史を真摯に振り返ろうという姿勢も強くあった。

ところが半世紀経った今日、明治生まれのほとんどは鬼籍に入り、敗戦の歴史ですらかなり風化している。戦争を体験した大人たちに育てられた私たちの世代ですら、日々生活に追われ、歴史を考える余裕がない。これはよろしくないことであり、来る「明治維新百五十年」は、改めて日本の過去に向き合い、未来を考える時ではないかと、切に思ったりもする。

実は、「明治維新」の史料はまだ氷山の一角しか、活字になって公表されていない。私が専門のひとつとする長州の奇兵隊ですら、その名が知られているわりに、表面に出ているのは『奇兵隊日記』と、あといくつかの史料だけであり、大半は山口県内を中心とする各地に散在しており、眠ったままである。これらをひとつでも多く、誰もが利用できる形にすることが必要であり、そのためにやらねばならないことは山ほどある。

しかし、百五十年経った「明治維新」は、政府や地方自治体にとっては、すでにイベントの材料でしかないのも事実である。時には首長自らが「コスプレ」して、歴史上の人物に「変身」したつもりで人前におどけて登場するのを見たりすると、がっかりさせられる。あるいは行政が政治的配慮から、特定の歴史上の人物の評価を一定のものに決めようという、信じられない動きも身近で起こっている。おそらく明治維新百年のころは歴史というものに対し、こんな不真面目なことはできなかったであろう。歴史は英雄偉人たちの紙芝居ではない。これでは、「明治維新」は遠ざかっていく一方である。

それでも「明治維新」という歴史は、日本という国が未来に向けて歩む時、さまざまな示唆を与えてくれる。もちろん、多くの反省点も含む。どこで、なぜ、道を誤ったのかは、常に議論されなければならない。その「素材」を提供してくれる、先人たちが多大な犠牲を払って築き上げた経験の宝庫なのである。だからこそ、大切に伝えていきたいと思う。

平成二十九年十月

一坂太郎

参考文献（薩長・維新史関係基本文献案内）

本書の参考文献は本文中に挙げたとおりであるが、ここでは薩長史や維新史を知る上での重要な基本文献を紹介しておきたい。

薩長の明治維新関係者の伝記類で最も多くの点数が出版されているのは、西郷隆盛と吉田松陰であろう。それぞれ、遺文を集めた労作の『全集』も出版されている。しかし、伝記は別の機会に譲るとして、ここでは基本となる史料集を中心に紹介しておく。括弧内は初版の出版年であるが、たいていは戦後に復刻版が出ている。

明治政府が明治五年（一八七二）から編纂をはじめた明治維新史が『復古記』全十五冊（昭和五～六年）であり、戊辰戦争を中心に史料が編年体で収録されている。

国家的事業として明治四十四年（一九一一）に設置した維新史料編纂会の成果『維新史料綱要』全十冊（昭和十二～十八年）は、孝明天皇が皇位に就いた弘化三年（一八四六）二月から廃藩置県が行われた明治四年（一八七一）七月までの詳細な年表だ。それぞれの事項の根拠となった史料名が明記されており、研究には何かと便利である。

また同会は国威高揚の意味もあり、『維新史』全六冊（昭和十四～十八年）を出し、さらにその要約版とも言うべき『概観維新史』（昭和十五年）も編んだ。いずれも政権側から「明治維新」を正当化する目的があり、特に解説部分などは注意を要するが、収められた膨大な史料はいずれも第一級である。

維新史料編纂会の関係者が結成した日本史籍協会は、大正四年（一九一五）から昭和十年（一九三五）にかけて、二百冊近い史料集（「日本史籍協会叢書」）を出版している。史料の取捨選択は意外と脈略がないように見えるが、薩長関係ではなんといっても『大久保利通文書』全十冊（昭和二～四年）、『大久保利通日記』全二冊（昭和二年）、『木戸孝允日記』全三冊（昭和七～八年）、『木戸孝允文書』全八冊（昭和四～六年）が近代史研究の基本文献である。他に『西郷隆盛文書』（大正十二年）、『薩藩出軍戦状』全二冊（昭和七～八年）、『奇兵隊日記』全四冊（大正七年）、『楫取家文書』全二冊（昭和六年）、『広沢真臣日記』（昭和六年）、『百官履歴』全二冊（昭和二年）などがある。

なお、「日本史籍協会叢書」とは別であるが、大久保への来簡を中心に集めた『大久保利通関係文書』全五冊（昭和四十～四十六年）もあり、『大久保利通文書』とあわせて読むと、手紙の往復が再現できるものがあり興味深い。同じく木戸への来簡を中心に集めた『木戸孝允関係文書』は、平成二十九年十月現在、四冊まで刊行されているが、未完。『奇兵隊日記』は、多くの誤りなどを訂正した『定本奇兵隊日記』全五冊（平成十年）が出ていることも付記しておく。

あるいは「続日本史籍協会叢書」（昭和五十～五十七年）全百冊は、同会が編纂したオリジナルの史料集ではなく、すでに出版されていた文献を復刻したもの。その中には『島津久光公実紀』全三冊（昭和五十二年）、『山県公遺稿・こしのやまかぜ』（昭和五十四年）、『稿本もりのしげり』全二冊（昭和五十六年）、『馬関・鹿児島砲撃始末』（昭和五十四年）など薩長関係の史料が含まれている。

公爵毛利家編輯所で末松謙澄《けんちょう》を中心に編纂された長州藩中心の明治維新史が『修訂防長回天史』全十二冊（大正十年）である。毛利家が集めた膨大な史料が集められており、その価値は今なお衰えない。文部大臣などを務めた末松は、長州藩と敵対した小倉藩領の出身で、伊藤博文にその学才を見込まれて娘婿となった。ただし、長州人からその公平な史観がよろしくないと攻撃され、結局末松は本書を自ら出版することになる。

薩摩側でこれに匹敵するのが『薩藩海軍史』全三冊（昭和三〜四年）であろう。海軍中将東郷吉太郎を中心に編まれ、島津家編輯所から出版された。海軍の歴史というより、島津斉興、斉彬、忠義という三代にわたる薩摩藩の明治維新史か中心となっており、こちらも膨大な基本史料が収められている。

また薩摩の場合、安政六年（一八五九）から明治五年（一八七二）にわたる間の史料を集めた『忠義公史料』全七冊（昭和四十九〜五十五年）が、「鹿児島県史料」の一部として出版されている。これは明治のころ、島津家編輯所で市来《いちき》四郎によって編纂されていたもの。「鹿児島県史料」では他に島津久光が集めた文書を中心とする『玉里島津家史料』全十二冊（平成四〜十五年）なども出しており、いずれも明治維新史研究には不可欠の文献とされる。

索　引

【か】

【ま】

著者略歴

一坂太郎（いちさか・たろう）
一九六六年、兵庫県芦屋市生まれ。幕末維新史研究家。萩博物館特別学芸員、至誠館大学特任教授、防府天満宮歴史館顧問、春風文庫主宰。大正大学文学部史学科卒。著書に『長州奇兵隊　勝者のなかの敗者』『吉田松陰とその家族』『幕末歴史散歩　東京篇』『幕末歴史散歩　京阪神篇』『高杉晋作の「革命日記」』『高杉晋作を歩く』『坂本龍馬を歩く』『高杉晋作』『司馬遼太郎が描かなかった幕末』など。

明治維新《めいじいしん》とは何《なん》だったのか
——薩長抗争史《さっちょうこうそうし》から「史実《しじつ》」を読《よ》み直《なお》す

二〇一七年一一月二〇日　第一版第一刷発行
二〇一八年　三 月二〇日　第一版第二刷発行

著　者　一坂太郎
発行者　矢部敬一
発行所　株式会社　創元社
〈本　社〉〒五四一-〇〇四七
大阪市中央区淡路町四-三-六
電話　〇六-六二三一-九〇一〇㈹
〈東京支店〉〒一〇一-〇〇五一
東京都千代田区神田神保町一-二　田辺ビル
電話　〇三-六八一一-〇六六二㈹
〈ホームページ〉http://www.sogensha.co.jp/

印刷　モリモト印刷　組版　はあどわあく

ISBN978-4-422-20159-7 C0021